リノベーションプラス

拡張する建築家の職能

松村秀一・馬場正尊・大島芳彦　監修

ユウブックス

はじめに——松村秀一

この本に書かれているのは、人の生き方です。

リノベーションにまつわる話題には、技術もあれば、ビジネスもあれば、法規制もあれば、経済事情もあれば、国レベル・自治体レベルの政策もあるでしょう。でも、その核心にあるテーマは人の生き方です。そこが今日的であり、おもしろいのです。この本は、そのリノベーションを新たな仕事の領域にし始めた建築関係の方々にインタビューした内容で構成されていますが、その内容もまたそれぞれの生き方のようです。それは、とても自然なことのように思えます。

私も少し前にリノベーションの世界をとらえようとした本を上梓しました。「よくわかったけど、扱っているのはあくまで個別事例だね。もっと普及できる仕組みにまで踏み込んでもらえると良かったね」といった感想をいただくことが多かったです。でも申し訳ないのですが、リノベーションの核心にあるテーマが人の生き方である以上、一般化できる仕組みなどというものとは相容れないと考えています。一般化できない、仕組みにできないところにこそ、「生」の本質があると思うからです。

もちろん生きているあいだはずっと、生き方は各自のテーマですから、そのあいだにいろいろな人の生き方と出会い、あるいは話を聞いて刺激を受け、それを参考に自分の生き方を考え直したり、明確にさせたり、試しにやってみたりするでしょう。この本は、そのためにあるのです。少なくとも、自分の生き方を建築とクロスさせようとしている若い人にとっては。

私のような年配の者にはいまさら難しい生き方なので、正直なところ、直接自分の生き方の参考にはなりませんが、リノベーションに取り組んでいる人たちの生き方を理解するのにおおいに役立ちましたし、時代の新鮮な空気を吸い込んだような心地良さを感じました。

たとえば冒頭の馬場×大島対談。ダダとパンクだったのですね。共感はできませんが、理解はできます。あるシンポジウムで「仕組みに抗え」というような発言をしたとき、大島さんが右手の親指を立てて微笑み、「今日は先生、パンクでしたよ」と仰いましたが、あれは最高の褒め言葉だったのですね。私の世代だと「今日は先生、プログレでしたよ」とか「ヘヴィーでしたよ」と言われればはっきりわかったのですが、「パンク」の世代ではないのでわかりませんでした。でもダダやパンクがふたりの先駆者の生き方と重なっていたのを知ることができたのは、私にとって嬉しいことでした。

ことほど左様に、読み方は人それぞれ。でも、この本はとてもリノベーションの核心を突いた内容に仕上がっていると思います。それもこれも発行人である矢野優美子さんのおかげでしょう。彼女自身、長年出版社で編集の仕事を担当する一従業員でしたが、それをやめ、新たに建築・アート・地域の文化をテーマにした出版社を立ち上げ、企画者、インタビュアー、ライター、編集者、そして発行人をひとりで引き受ける、そんな生き方を始めたばかりだと伺いました。直感的に、リノベーションの世界の核心にあるテーマが人の生き方だと理解されたのだと思います。

生き方がテーマになる時代。とても素直な空気が流れていて、私は好きです。

はじめに　5

［巻頭インタビュー］

12
松村秀一｜東京大学大学院工学系研究科建築学専攻教授
いまリノベーションで起こっていることに、意味があるんです

［リノベーションの変遷と現在］

24
大島芳彦｜ブルースタジオ × 馬場正尊｜Open A
ダダイズムからリノベーションは始まった？

Chapter 1
メディアへのアプローチ　55

56
馬場正尊｜Open A
メディアでの発信と事例の積み重ねで価値観を変えていく

Chapter 2

都市へのアプローチ 71

72 彌田 徹・辻 琢磨・橋本健史 | 403architecture [dajiba]
浜松から学び、建築の言語・理論を考えていく

86 連 勇太朗 | モクチン企画
都市のネットワークに挿入された「モクチンレシピ」でまちの風景を変える

102 坂東幸輔 | 坂東幸輔建築設計事務所
地域で建築家を育てる仕組みをつくりたい

Chapter 3

事業企画へのアプローチ 115

116 嶋田洋平 | らいおん建築事務所
普通のおじちゃんおばちゃんの「なんとかしたい」を叶えたい

130 林 厚見・宮部浩幸 | SPEAC
文化的価値だけでなく収益性も高い建築を提供することで、都市の風景を変えていく

Chapter 4
不動産へのアプローチ 147

148 大島芳彦 ブルースタジオ
一番大切なのは、大家さん自身をリノベーションすること

166 坂田夏水 夏水組
内装デザインと不動産のスムーズな連携でさらに羽ばたく

178 後藤連平 architecturephoto.net × 高橋寿太郎 創造系不動産
建築家を取り巻く環境が変わる時代、広げるべき視点とは？

Chapter 5
運営へのアプローチ 193

194 宮崎晃吉 HAGI STUDIO
「HAGISO」拠点のまちのホテル化プロジェクトで谷中の風情を残す

Chapter 6
施工へのアプローチ 209
210 長坂 常｜スキーマ建築計画
減少の時代に沿う、空間の豊かさや美しさをつくっていきたい
222 河野 直・桃子｜つみき設計施工社
参加型リノベーションで人と場所を結び付ける

Chapter 7
法規へのアプローチ 239
240 佐久間 悠｜建築再構企画
「建築の法律家」として社会の課題に挑んでいく

図版クレジット 254
監修者略歴 255

巻頭インタビュー

いまリノベーションで起こっていることに、意味があるんです

伝統的な民家の再評価やパタン・ランゲージによるデザイン言語の拡張など、建築の技術やデザインを一般に開こうとしていた60〜70年代。現在はそれが自然に社会に受容される時代となった。いまの時代に必要とされる建築家の役割とはなんだろうか。

松村秀一

東京大学大学院工学系研究科
建築学専攻教授

建築の知識や技術が一般に開かれてきた

――最近、松村先生はリノベーションで「建築が民主化する」と言っていますが、それについて詳しくお聞かせいただけますか?

まず建築を民主化しようという動きは、1960年代から70年代くらいにかけて非常に多く見られました。それは社会のシステムが整備され、大量消費が確立していくなかで、大きな反体制のうねりが出てきた時代。当時アメリカでは"Whole Earth Catalog"という雑誌が刊行され、たいへん話題になりました。それは自立して生き抜いていくために必要な、社会や人間がつくり出すあらゆる分野の技術をカタログ化したもので、当時のヒッピー文化に多大な

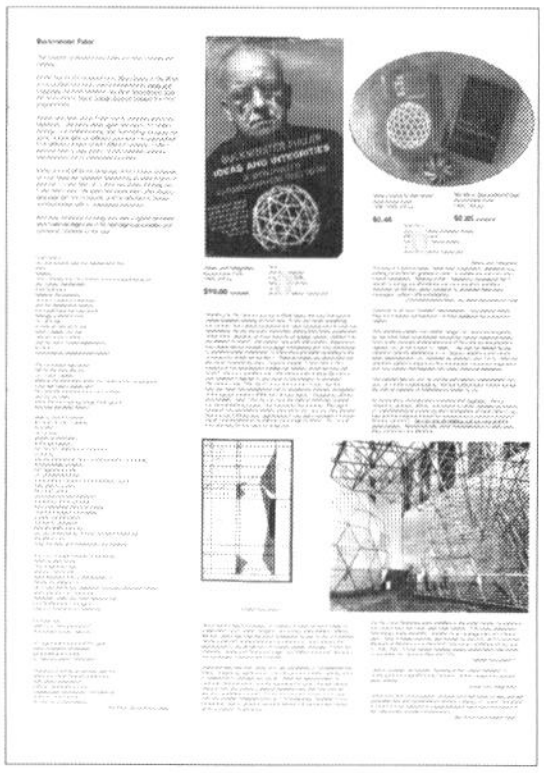

"Whole Earth Catalog"(1968年秋創刊号)、右はバックミンスター・フラーの紹介記事

影響を与えました。そのなかにはバックミンスター・フラー[1]のドームのつくり方などDIYの技術も掲載されており、それを見たヒッピーが自分たちの共同体で住処をつくる際の参考にするというものでした。

同じ1960年代にバーナード・ルドフスキー[2]の、ヴァナキュラー建築・集落・地形などを集めた展示がニューヨーク近代美術館で催され、『建築家なしの建築』として書籍となり、邦訳も出版されました。また、クリストファー・アレグザンダー[3]が「パタン・ランゲージ」[4]や「アーキテクトビルダー」[5]の概念を唱えたのも、少し後ですがこの時代です。

これらはすべて、建築の技術を人々に開こうというものでした。建築家の存在を見直す、反体制的な時代のムードが背景にあったと思います。

いま現象として起こっている、セルフリノベーションのサポートだったり、デザインをオープンにしようという活動とも似ていますね。ただ、決定的に違うのは、60~70年代の頃の動きはもっと反体制運動的だったということだと思います。ある種の知的エリート層が、体制に対抗するべく起こしていた思想的な活動だった。でも実際に、多くのふつうの人々がそれを求めていたかというと、ちょっと疑わしいと思います。

けれどもいまの現象には、そういった思想的、政治的な匂いがしない。実際にやっていることは同じですが、もっとフランクで、そのほうが楽しいからやっ

■1　リチャード・バックミンスター・フラー(Richard Buckminster Fuller：1895–1983年)
アメリカの思想家、デザイナー、構造家、建築家、発明家、詩人。建築分野でジオデシック・ドーム(フラードーム)やダイマクション地図、住宅のプロトタイプであるダイマクション・ハウス、テンセグリティの概念など数多くのものを発明した。

■2　バーナード・ルドフスキー(Bernard Rudofsky：1905–88年)
アメリカの建築家、エッセイスト。オーストリア、ウィーン出身。世界各地での見聞をもとに建築、人体、衣服、都市生活などをテーマに著作を発表した。おもな著作に"Architecture Without Architects"(1964年：邦訳『建築家なしの建築』鹿島出版会、1976年)、"The Unfashionable Human Body" (1971年：邦訳『みっともない人体』鹿島出版会、1979年)。"The Prodigious Builders "(1977年：邦訳『驚異の工匠たち』鹿島出版会、1981年)など。

■3　クリストファー・アレグザンダー(Christopher Alexander：1936年–)
アメリカの都市計画家・建築家。オーストリア、ウィーン出身。建築・都市計画の理論としてパタン・ランゲージを提唱したことで知られる。その理論をもとに「盈進学園東野高等学校」(1984年)を設計。おもな著作"Notes on the synthesis of form" (1977年：邦訳『形の合成に関するノート』鹿島出版会、1964年)、"A City is Not a Tree" (1965年：邦訳『都市はツリーではない』鹿島出版会、1965年)、"A Pattern Language" (1977年：邦訳『パタン・ランゲージ—環境設計の手引』(鹿島出版会、1984年)など。

■4　パタン・ランゲージ(pattern language)
クリストファー・アレグザンダーが提唱した建築・都市計画にかかわる理論。アレグザンダーは『パタン・ランゲージ』のなかで、人々が「心地よい」と感じる環境(都市、建築物)を分析し、「小さな人だまり」「座れる階段」「街路を見下ろすバルコニー」などヒューマンスケールが重視された253のパターンを挙げた。これらパターンが集まりランゲージとなり、そのパタン・ランゲージを活用することで心地よい建物や都市ができる、とされる。

■5　アーキテクトビルダー(architect-builder)
クリストファー・アレグザンダーが提唱した建築・都市計画にかかわる理論。設計を担う建築家と施工を担う請負業者の両方の職能をもつ存在のこと。

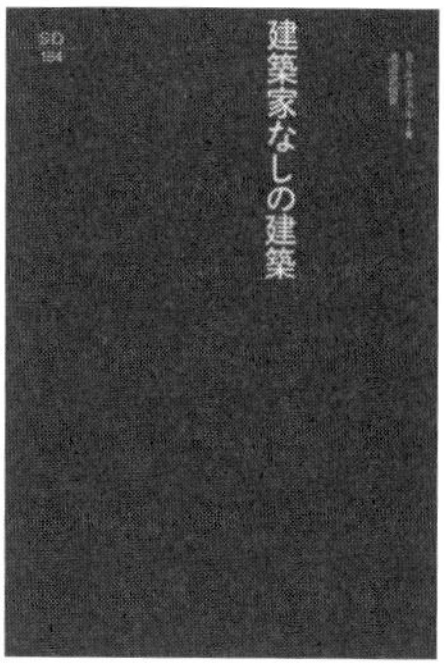

『建築家なしの建築』(B・ルドフスキー著、渡辺武信訳、鹿島出版会、1984年)

『パタン・ランゲージ—環境設計の手引』(クリストファー・アレグザンダー著、平田翰那訳、鹿島出版会、1984年)

ている、という感じ。40年くらい経つうちに社会が変わって、人々が、自分たちで居住環境をつくり上げる知識や技術を、ごく自然に受け入れる時代になったんだなと思います。

——Open Aの馬場さんも、建築の存在や技術を一般に開く「東京R不動産」や「toolbox」の活動が師である石山修武[6]先生の「オープン・テクノロジー」の思想の影響を受けていたものだった、と最近になって気づいたと言っていました。

1960年代より前のいわゆる近代建築家というのは、スタイルや住むところを提案する、つまりプロトタイプを社会にお仕着せるやり方を取った。それに対する反動が60〜70年代のバーナード・ルドフスキーやクリストファー・アレグザンダーらに代表される動き。石山さんもその時代の只中にいたのだと思います。

そして馬場さんが石山さんと同じようなことを考えていたと言ったとしても、もうなんというか明るさが違う（笑）。石山さんはゲリラ的な活動で建築界に風穴を開けようとしており、戦闘モードだった。時代がそういう雰囲気だったわけですね。でもいまは社会の雰囲気は変わっている。

なおかつ、一般の人にとっても、新築ではなくリノベーションであるということが挑戦するハードルを下げている。普通に住めるものがすでにあって、そ

■6 石山修武（1944年-）
建築家、早稲田大学理工学部名誉教授。スタジオGAYA主宰。代表作に「幻庵」（1975年）、「開拓者の家」（1986年）、「伊豆の長八美術館」（1985年）、「リアス・アーク美術館」（1995年）、「世田谷村」（2002年）など。

れに手を加えていくわけですから、技術的には新築よりもずっと簡単です。

必然的に不動産を扱うことが建築家の仕事を変えた

——新築ではなくリノベーションということが、建築家の仕事の内容を変えたのでしょうか?

そうですね。仕事の内容を大きく変えたのは、必然的に不動産を扱うことになったからと言えます。新築の場合には、建築家や工務店は不動産全体を扱うわけではなく、建物をつくるという部分を抜き出して依頼されるわけです。土地を取得するところには、通常かかわりません。

リノベーションの場合だと、イメージに近い建物を見つけたり、あるいはクライアントがすでにもっている建物の有効活用の方法など、不動産価値を鑑みながらリノベーション後のイメージを考えることになる。すると当然、家賃や、利回り、回収に必要な年数や収益性など、お金の話がフィーチャーされること

幻庵(石山修武、1975年)

になる。工事についても同じ流れで、安く楽しみながらつくる方法としてＤＩＹも視野に入りやすい。

ですからリノベーションの場合には、お金の話があまりいやらしく映らないんです。

――たしかにそうかもしれません。ただ建築家にはまだお金の話はタブーという雰囲気がある気がします。

だけど、いまは嶋田さんや大島さん、馬場さんらが率いるかたちになっているリノベーションスクールなどでは、お金の話がかなりメインで、リノベーション案のプレゼンでも、いくら掛けて何年で回収するかなど、収支の話が非常に重視されています。

金銭的な話がタブーというか、『新建築』などの建築雑誌を見ても坪単価はわからないし、どうやったら安くなる

リノベーションスクール＠都電・東京（2016年4月）。クロージングアクトの様子

のかという議論はほとんど展開されてこなかったですよね。ただ一般社会的にはそれは非常に重要な事柄だったから、石山さんが『「秋葉原」感覚で住宅を考える』などでパーツの単価まで突っ込んでいったのは、それを語らないと建築が変わらないという意識が強かったからではないでしょうか。それがいまや普通の感覚で議論ができるようになっているのがおもしろいですね。

『「秋葉原」感覚で住宅を考える』(石山修武著、晶文社、1984年)

——なるほど。ただ、今回取り上げている建築家は、いわゆる「普通の建築家」ではないのかもしれません。ただ、SP-EACの林さんは、いまの建築家の方法だと、どんどん仕事がなくなっていくときつくおっしゃってました。

たしかに現在、新築の案件は明らかに減っているし、だからといってリノベーションが自分たちの仕事になるかも定かではないわけです。久米まりさん■7のように、素人なのに自分でディテールまで考えてDIYする人も登場している。そうなったときに、自分たちが一般の方にはできない、なにができる人間なのかを問わないとならなくなる。この本に登場する建築家たちは皆、それを

■7 久米まり(1986年-)
結婚をきっかけに築42年(当時)の賃貸集合住宅2DKのリノベーションに着手。その手法をつづったブログが読者数1万人を越す超人気ブログになる。企業とのコラボレーションによるワークショップ、商品開発も手掛ける。著作に『Kume MariのDIYでつくる家、つくる暮らし DIY LIFE』(2014年、主婦の友社)、『Mari'sマジックで簡単! おしゃれ部屋づくり』(2014年、宝島社)、『Mari'sおうちカフェ』(2015年、宝島社)など。

問うているんだと思います。

——とくに独立したての若い人たちは、てらいなく「まず食べていかなきゃいけないでしょ」という語り口で仕事の話をしてくださる気はします。

建築以外のジャンルの人も、似たような状況にあると思いますよ。いままで通りのシステムに乗っているだけだと展望が開けない。クライアント側も建築家も同じような感じだから、ここから先は自分の仕事じゃない、というような線引きをお互いにできない。そんなことをしていたら仕事にならないっていう時代が、建築家にいままでにない領域にも手を伸ばさせているんでしょう。

——一方で、長坂常さんや坂田夏水さんはクライアントが非常に多くの知識をもつようになってきたと語ってくださいました。

クライアントやテナントで入る人たちのセンスは、圧倒的に磨かれてきていると思います。知的で、空間体験の蓄積や、高いモチベーションをもっている層が厚くなっている。さらにネット環境の整備がまったく状況を変えたと思いますよ。インターネットで情報や資材なども簡単に手に入るので、情報量だけでは建築家はクライアントに勝負も挑めません。

従来の建築家は「教える」という職能の基軸がありました。たとえば近代以前のヨーロッパの建築家はローマに行けたかどうかで大成できるか決まったというし、戦後の日本であっても、留学して学んだものを咀嚼して伝えるという役割ももっていた。それが、いまやクライアントのほうが国際的だったり、経験が豊かだったりして、もう導くといった状態じゃない。

むしろその人たちの能力とかセンスや経験をどんなふうに編集して、かたちに仕立て上げていくかというほうが大事です。

「建築」が「リノベーション」で人の生き方に触れ始めた

——建築家が専門的な知識で少しリードしつつ、いっしょにつくりましょうというかたちになっているわけですね。ただ、やはりオリジナリティや作品性にこだわる建築家も多いと思います。

いまは、みんなで新しい土壌を耕している最中なんですよね。いままで耕されてきた土壌で育っていっても、いつ仕事がなくなるかわからないから。

建設業界には「建物」と「建築」というふたつの世界がありますが、社会の経済活動としては、建物の世界は大きく、建築の世界はとても小さいもの。人口や新築戸数の減少が明らかな現在でも、まだその両者の違いにこだわっているのは少しまずい気がします。いったん建物と建築の境目を忘れて、関係なくいっしょに耕したらいいんじゃないでしょうか。
　耕した後に、新しい建築の世界がまたあるかもしれませんが、いったんチャラにして、素朴なところから組み立て直していけばいい。そこで、建築の花のような方法で組み立てる人もいるだろうし、事業性の実だったり、社会性の太い幹だったり、いろんなタイプが出てくるけれど、それをある種の新しい活動として敬意をもって動いていくのが「いま」らしいんじゃないかな。
　また30年経ったら、あの時代はこうだったと定義づけることもあるでしょう。ずっとこのままいくということでもなく、状況が状況だから、どこまでできるかというスタンスでとりあえず走ってみるのがいいと思います。■

——いまの若い世代の特徴で気づかれることはありますか?

　地域で建築家を育てたいという坂東さんや、法規の難しい問題を解くノウハウを広めたいという佐久間さんも、リノベーションスクールもそうですが、仲間を増やしていこうという感じがある。それは世代的なものだと思う。昔の建築家って、みんな仲良くなかったもん。それは殴り合いみたいに主張し合って「オマエのは建築じゃない!」という感じでね。

——かつての石山さんや安藤忠雄[8]さん、

もな著作に『建築の世紀末』(晶文社、1977年)、『建築の七つの力』(鹿島出版会、1984年)、『東京の「地霊」』(文藝春秋、1990年)、『建築の遺伝子』(王国社、2007年)など。

磯崎新■9さん、建築史家の鈴木博之■10さんらの議論は激しかったですよね。

そうそう。でもいまはそういう感じがまったくないですよね。みんな仲間だもんねという感じ。あいつがやっているのはとんでもない、と非難する感じがないですよね。

——最後にもうひとつ質問させてください。リノベーションとはなんでしょうか？

リノベーションがなにかというよりは、いまリノベーションで起こっていることに大きな意味があると思う。つまり初めて建築が人の生き方に触れ始めた感じがあります。馬場さんが影響を受けたという石山さんのテーマは、オープンテクノロジーやセルフビルドなど、人の生き方と建築を結び付けることでした。それがようやく、実現してきたと思います。

まさにリノベーションというのはクライアントの個々の生き方の問題なんですよ。依頼自体に、どこで店を開くか、誰と組むか、誰とコミュニティをつくるか、という問題まで含まれている。建築が人の生き方に直接かかわる領域になったということが画期的だと思っています。

■8　安藤忠雄（1941年–）
建築家、東京大学名誉教授、21世紀臨調特別顧問。安藤忠雄建築研究所主宰。代表作に「住吉の長屋」（1976年）、「光の教会」（1989年）、「淡路夢舞台」（2000年）、「フォートワース現代美術館」（2002年）、「地中美術館」（2004年）など。

■9　磯崎新（1931年–）
建築家、磯崎新アトリエ主宰。日本の建築業界を代表する論客でもある。代表作に「大分県立中央図書館」（1966年）、「つくばセンタービル」（1983年）、「ハラ・ミュージアム・アーク」（1988年）、「山口情報芸術センター」（2003年）など。

■10　鈴木博之（1945–2014年）
建築史家、東京大学名誉教授。お

リノベーションの変遷と現在

ダダイズムからリノベーションは始まった？

「リノベーション」という言葉が日本で使われ出した頃から、それを牽引してきた大島さんと馬場さんのおふたり。現在のようにリノベーションが一般に定着するまでの流れを、時代の雰囲気や社会的な背景とともに語っていただいた。

大島芳彦 ブルースタジオ × **馬場正尊** Open A

ダダ、パンク、破壊が初期リノベーションのキーワード

——そもそもリノベーションという言葉が日本で使われ出したのはいつ頃でしょうか？

馬場　2001年に『東京リノベーション』が出版されました。フリックスタジオの高木さんと磯さんらが編集にかかわっていて、僕も事例集めに協力したんです。僕の記憶だと、「リノベーション」という言葉を社会化したのは彼らじゃないかな。

大島　同時期に『Esquire』もリノベーションの特集号を出しました（『Esquire』2001年6月号、特集「リノベーション新世紀」）。ですから、どちらにせよ2001年頃、メディアが使い出したのが初めだと思います。

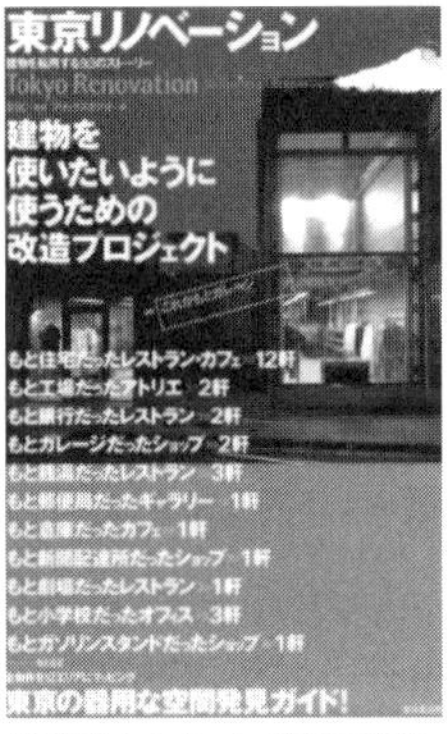

『東京リノベーション』（SSC監修、フリックスタジオ編、広済堂出版、2001年）

『Esquire』2001年6月号、特集「リノベーション新世紀」（エスクァイア マガジン ジャパン）

――おふたりが独立されたのも同じ頃ですね。

大島　2000年9月に石本建築事務所を辞めて、実家の不動産賃貸業の手伝いをしながら、ブルースタジオに合流しました。その当時、家業では所有していた不動産が老朽化し、家賃も入居者の質も下がっていて、至急に改善策を考える必要がありました。

ただリノベーションをしようと思って独立したわけではありません。ちょうど30歳前後の同世代の友人らが家を手に入れることが多くなり、そのときに選べる選択肢の少なさやつまらなさに気がついて、その入手方法も含め、暮らしのデザインを考えてみたいと思ったんです。

馬場　僕が独立したのは2001年。取材で仲良くさせていただくようになっ

Tex Mex Tacos（ブルースタジオ、2000年）

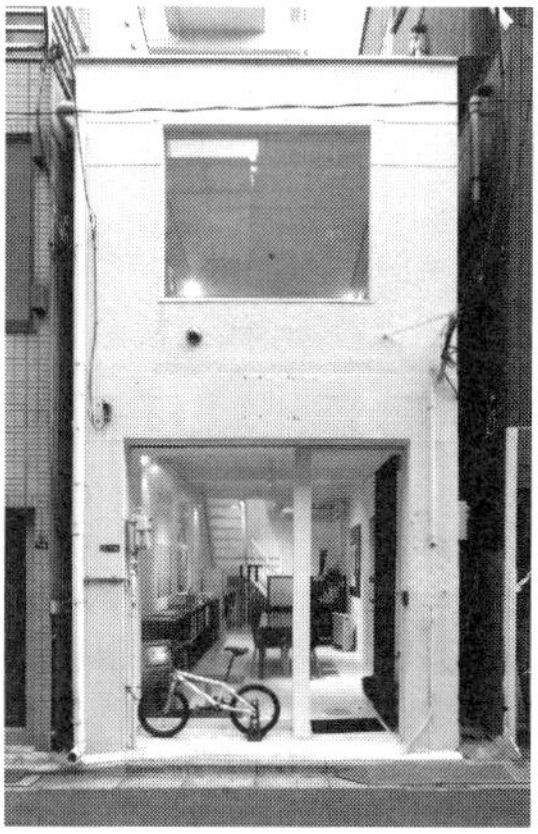
untitled（Open A、2003年）

■2 CET
馬場正尊が中心となり、2003年「TDB-CE（TOKYO DESIGNERS BLOCK）」としてスタート。2004年より名称変更し、「CET（CENTRAL EAST TOKYO：セントラル・イースト・トーキョー）」となる。アート・デザイン・建築の複合イベントとして、街なかや空きビルを利用してのアーティストの作品展やシンポジウムなどのイベントが行われる。

たイデーの黒崎輝男さんから、ある日呼び出されて『ダダ宣言』を手渡されたのがリノベーションに足を突っ込むきっかけかな。『ダダ宣言』は言ってしまえばヨーロッパをぶっ壊そうという趣旨ですが、それを東京でやろうと言われたんです。それが「Rプロジェクト」■1や「CET（セントラル・イースト・トーキョー）」■2につながった。当時、佐藤直樹さんや西村佳哲さんも参加されていました。

その流れでアメリカ取材をして本をつくろうという話が持ち上がり、今は日本を代表する作家になった原田マハさんに引っ張られるようなかたちで、僕と、建築写真家の阿野太一さんと一緒に取材旅行に出掛けました。

黒崎さんの熱さと先見性にやられて、僕もちょうどなにかを求めていた時期でもあり、右も左もわからぬまま旅立ったようなものです。

——大島さんは武蔵野美術大学出身で、当初は彫刻家を目指されていました。馬場さんはアメリカでアーティストたちの集まる地域を数多く取材され、そこからリノベーションの手法を学ばれてい

『ダダ宣言』（トリスタン・ツァラ著、小海永二・鈴村和成訳、竹内書店、1970年）

■1 Rプロジェクト
2001年12月から活動開始、2003年にIDEE R-projectとして独立法人化。「都市経験を再生する」「既にあるものを活かす」「デザインの領域を再定義する」をテーマとした都市再生プロジェクト。発起人にイデー代表の黒崎輝男、その他グラフィックデザイナーの佐藤直樹、設計事務所のみかんぐみやテレデザイン、プランニング・ディレクターで働き方研究家の西村佳哲、馬場正尊、キュレーターの原田幸子（現在は小説家原田マハとして活躍）、建築写真家の阿野太一ら領域横断的なメンバーが参加した。

ます。建築史の分野からの保存や再生の動きは前々からありましたが、あまり大きな影響は及ぼし得なかった。おふたりともアートに深くかかわってらっしゃいますが、リノベーションのカルチャーにはアートの分野のほうが大きな影響を与えたのでしょうか?

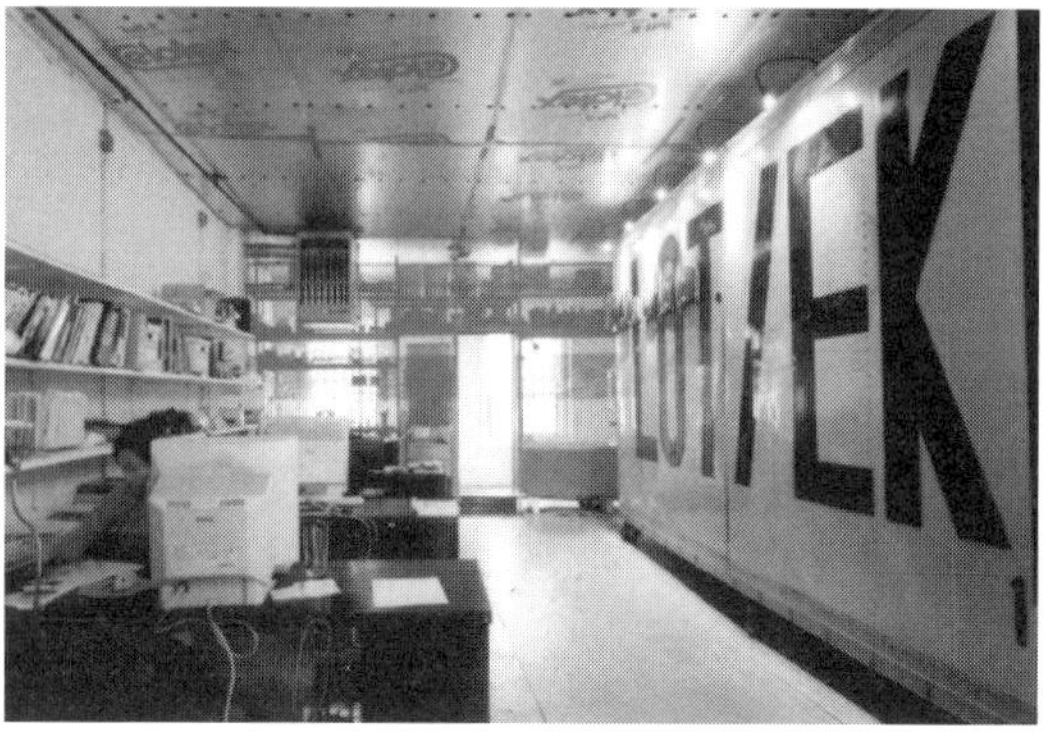

アメリカにて取材した事例「MPD&LOT/EK」。生肉街がショップ、アトリエにリノベーションされている

大島　僕は高校生の頃から彫刻家に憧れていて、大学時代でもしばらくは建築に馴染めずにいた。彫刻の創作活動にのめり込んでいて、その頃できたばかりの水戸芸術館で開催されたアンデパンダン展にもち込んで、展示してもらったこともありました。

馬場　僕も大学時代から現代美術が好きで、作品を展覧会に応募していました。アンディ・ウォーホール■3の「ファクトリー」や「チェルシー・ホテル」■4など、映画で見るニューヨークのアーティストのカルチャーに憧れてた。

■5　マルセル・デュシャン(Marcel Duchamp:1887-1968年)
アメリカのアーティスト。フランス出身。ニューヨーク・ダダの中心的人物と見なされ、20世紀の美術にもっとも影響を与えた作家のひとりと言われる。コンセプチュアル・アート、オプ・アートなど現代美術の先駆けとも見なされる作品を手掛けた。「レディ・メイド」という、大量生産された既製品からその機能を剥奪し「オブジェ」として陳列したものを指す、芸術の概念を考案。1917年に出品した「ニューヨーク・アンデパンダン展」における『泉』(男子用小便器に「リチャード・マット(R. Mutt)」という署名をした作品)が物議を醸した。

ウォーホールのファクトリーっていうのは、工場みたいなボロビルを改装した、内側が全部シルバーの部屋。真っ赤なソファがバンッと置いてあって。そこで住みながら、パーティーをしたり、創作をしているカルチャーがかっこいいと思ってた。アメリカ取材はその残り香を味わいたかったというのもある。

大島　僕が学生の頃に傾倒していたのはダダでした。

馬場　そうでしょ。僕もダダなんですよ。

大島　でもそうすると、創作としてはなにもしないのが正しいというふうになっちゃう。マルセル・デュシャン■5の「泉」が、ただの便器に名前を付けただけで、つまり見立て方だけで作品になったように。それってじつはリノベーションなんだよね。

馬場　黒崎さんはそれを読み切って、『ダダ宣言』を僕に渡したのかも。ダダなんて、美術っていう枠組みの破壊活動にほかならないわけじゃない。僕も完全にそっち側に傾倒していて、アカデミックな「建築」という枠組みをぶっ壊

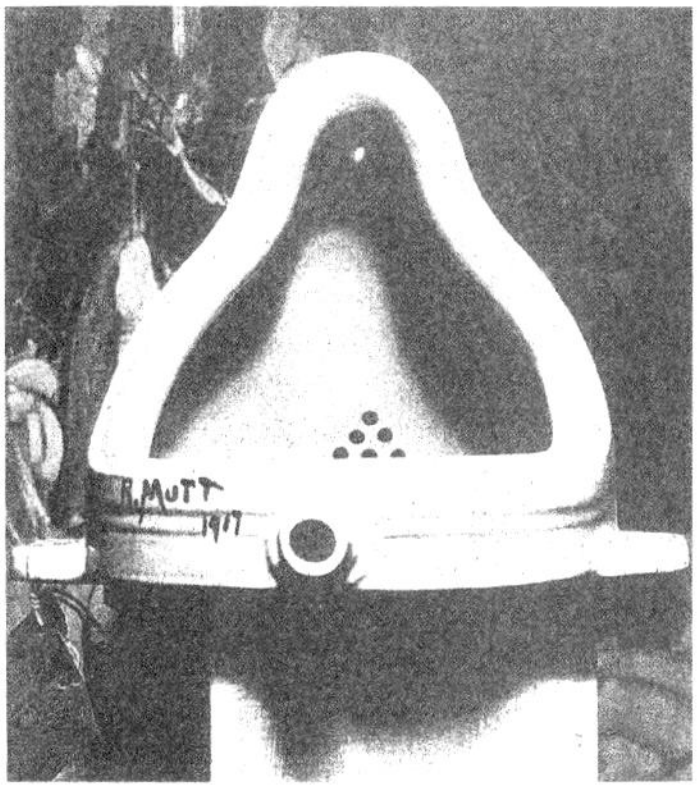

「泉」（マルセル・デュシャン、1917年）

■3　アンディ・ウォーホール（Andy Warhol:1928-87年）
アメリカの画家、版画家、芸術家。ポップアートの旗手で、ロックバンドのプロデュースや映画制作なども手掛けたマルチ・アーティスト。「ザ・ファクトリー」（The Factory）と名付けられたスタジオは、制作の場にとどまらず、クリエィティブな人々が集まるサロン的な役割をもつ場所となった。

■4　チェルシー・ホテル（Hotel Chelsea）
1883年にニューヨーク市マンハッタン区チェルシー地区に建設されたホテル。著名な芸術家や音楽家、作家が好んで滞在することで有名。

したくて、RプロジェクトやCETを始めた。その大きな原動力になってることは間違いないな。

大島　僕は高校時代パンクバンドを組んでいて、デビューの話もあったぐらいだったんですが、結局みんな大学に行くからって解散してしまいました。その頃から、みんながもてはやすものはとにかくかっこ悪い、という気持ちが強くて、それが既成概念に対する反抗心にもつながった。自分のなかには未だにそんなパンクスピリットが残ってますね（笑）。

馬場　僕は修士1年、2年のときソニー主催の「アートアーティストオーディション」に出品したのですが、そのとき明和電機[6]や高嶺格[7]、中山大輔[8]ら本物の現代美術作家にたくさん触れてしまって。「あ、こいつらに比べたら僕は常識人だ」と思って現代美術のほうには進まず、落ち着くべきところに落ち着いた。

やっぱり大島さんと僕の源泉はダダだったり、パンクだったり、破壊がテーマだった、っていうのはおもしろいよね。

――モノに少し手を加えることでかっこよくできるような、アーティストの感覚をもっている人のリノベーションが、カルチャーとして広まったのでしょうか。

馬場　CETは、まちの空きビルを舞台にしたアンデパンダン展として、リノベーションという意識はこれっぽっちもなく、アートアクティビティを東京の東側の

■6　明和電機
土佐信道（1967年－）プロデュースによる芸術ユニット。作品制作のほか、音楽活動、舞台パフォーマンス、タレント活動も行う。

■7　高嶺格（1968年－）
演出家、美術家。パフォーマンス、映像、彫刻などの作品を制作。

■8　中山大輔（1974年－）
漫画家、アニメーター、アニメーション演出家、デザイナー、アートディレクター、フィギュア造形師。企画コンサルティング、カメラ修理業も行う。変名として「UGAT」がある。

まちでやろうという感覚で始めたんですよ。それと同じ頃、Rプロジェクトの流れで、古い建物の再生に興味をもち、都市の考現学として「東京R不動産」を始めた。

大島　僕は決してアートの文脈からリノベーションを始めたわけじゃなく、親父から引き継ぐ運命にあった家業の不動産賃貸業に対する危機意識からスタートしてます。

仲介業者やまちの不動産管理会社に任せている場合じゃない、自分で考えなきゃって。たとえば僕は設計者。だから基本的には自分がつくるものの魅力をもっとも的確にプレゼンテーションできるのは自分のはず。だから自分の判断で不動産に手を加えて、入居希望者も自分で探す、つまりその価値を理解してくれる客を自分で付けようという発想なんですよ。普通の不動産業者にはそれは難しいと思うから。

「現代建築」にない別の風景、日常の価値を発見したかった

——青木茂さんのリファイニング建築の影響はありますか?

馬場　青木さんは、彼しかできないような提示の仕方だから、その影響はあまりないような気がする。僕らはオープンリソースだから、良し悪しということではない。彼とはジェネレーションギャップを感じますね。

大島　青木さんが木賃アパートのリファイニングをやってくれたら、すごく親近感湧くのかもしれないけれど。

僕らがテーマにしてきたのは「日常」じゃないかと思うんですよ。特別な建築でも、アートでもなく、日常の価値の再発見。いままで僕らが受けてきた建築教育っていうのは、建築は高尚なもの、マスターピースであるという感覚があった。でももっと日常のなかに建築の素晴らしさは転がっているはずで、その可能性を発掘してみたいというのが自分たちの活動の根源的な理由なんじゃないかという気がしています。

馬場　僕が2002年にニューヨークに行った頃、ダンボ[9]にいたアーティストたちは、みんなお金がないから、都市から採集したいろんなモノで、空間を構成していたんですよ。なんの変哲もない、コンクリートが露出した廃墟のようなところに、かき集めてきた椅子や天板や照明をゴロゴロと即興的に並べて空間をつくっていたのが、妙にかっこよかった。

それが彼らの日常なんだけれど、力は抜けているのに、空間的にはすごく力のある風景を見た気がして。空間自体がダダっぽかった。僕らが学んだ現代建築ではない別の風景があって、それがいいなと思ったんですよ、素朴に。

大島　僕は大学生の頃、戦後の市営住宅みたいにボロい木造戸建てをアトリエとして住みこなしていた武蔵美のファインアート系の学生の暮らしぶりに、それを見たのかもしれないな。

■9　ダンボ (Dumbo)
「Down Under the Manhattan Bridge Overpass」(マンハッタン橋高架道路下)の略で、アメリカ・ニューヨーク市ブルックリン区の近隣地区のひとつを指す。1890年代は工業地帯だったが、製造業の空洞化を契機として、住宅地区に変化。1970年代後半からアーティストや若年層が移り住むようになった。1997年の「ダンボ・アートフェスティバル」の成功をきっかけにアート、カルチャーの発信源となった。

リーマン・ショックで、クライアントの種類、人々の価値観が変化した

――本書に登場されている建築家には2008年のリーマン・ショックの影響を受けている人が多くいらっしゃいます。おふたりにとってその影響はどのようなものでしたか？

大島　リーマン・ショックの影響は大きかったですよ。ただ、その前段の説明が必要ですね。

ブルースタジオでリノベーションを始めた2000年頃は、古い賃貸住宅もニーズの変化を見極め、しかるべきコストを掛ければ下がった賃料を再び上げることができるという考え方に、巷の不動産管理会社やオーナーはまったく理解を示してくれなかった。彼らには賃貸住宅を積極的に経営するというマインドがなかったんですね。つまりリノベやリフォームどころか、手を入れるとしても「現状回復程度」の認識しかない。だから2年ぐらいはほぼ仕事がない状態。これぞリノベーションと言えるような仕事が入ってきたのは、2001年のJ-REIT[10]の市場創設以降です。不動産金融（ファンド）の人々は不動産業者やオーナーとはまったく異なるメンタリティをもっていました。リノベーションという賃貸住宅の積極的な経営改善のための追加投資の妥当性を理解してくれ、僕らは「原状回復程度」ではなく、しっ

■10　J-REIT
日本の不動産投資信託。多くの投資家から集めた資金で、オフィスビルや商業施設、マンションなど複数の不動産などを購入し、その賃貸収入や売買益を投資家に分配する商品。

かりとしたリノベーション工事でバリューアップを図るビジネスモデルの実績を積むことができたのです。

馬場　最初、Open Aも三井不動産やザイマックスの不動産ファンドの仕事を受けてました。

大島　その後2008年にリーマン・ショックが起こり、ぼくらの主たるクライアントだったほとんどの不動産金融業者は、業界から撤退を余儀なくされてしまいました。

一方の動きとして、その2年前の2006年に会計制度上、バブル期の実態のない高額簿価の資産を減損させ、売却なり有効活用させる目的で制定された減損会計が強制適用になりました。これに伴って当時、地主や不動産資産を保有する企業は古い所有不動産をファンドに売却することが多くなりました。有効活用というよりは高額の値が付いたので売却となるケースが多かったのです。それが2008年のリーマン・ショック以降、彼らは有効な売却先を失い、所有不動産を「活用」せざるを得なくなりました。

こうして僕らにとっておもなクライアントはファンドではなく、収益不動産の長期保有を前提とした地主や不動産事業者以外の企業に一転したという経緯があります。

馬場　リーマン・ショックでクライアントが変わっていきました。以前は、趣味人的なオーナーや直感的な事業家、もしくは純粋に金融商品として利回りだけを追求する、当時ロバート・キヨサキ■11の本を読んで不動産投資を始めたような個人投資家と、両極でした。

大島　そう。安易な売却という手段がなくなったがゆえに、代々つづく地主や企業らが、どうにかしなきゃならん、つまり所有不動産に関する長期的な経営改善を図らにゃならんと、かつては「原状回復程度」しか考えたことのなかった人々が、やっと重い腰を上げてリノベーション的なことを考えるようになった。

ファンドバブルのようなドライな不動産活用の時代がつづいている限りは、多分リノベーションまちづくりは起こらなかったかもしれない。ご先祖様の土地は売れないと思っているような人たちが、やっとその有効活用を考えられるようになったのは、リーマン・ショックのおかげのようなものだったから。

馬場　違う進化の仕方をしてただろうな。

大島　しかも銀行などの金融機関が、ここまでファンドが積み上げてきたリノベーションによる「バリューアップ（経営改善）」の社会的な実績を考慮し、建て替えだけでなく、既存物件のリノベーション投資に対する融資も、柔軟に検討するようになったんです。

2000年当時は築古物件に対する融資を渋っていた銀行も、不動産ファンドの成長に伴ってその価値観を変えつつありました。

馬場　お客さんの価値観が、じわっと変わり始めたのもやはりその時期。ピ

■11　ロバート・キヨサキ（Robert Toru Kiyosaki、1947年-）
アメリカの投資家、実業家。『金持ち父さん貧乏父さん』（ロバート キヨサキ、シャロン・レクター著、白根美保子訳、筑摩書房、2000年）など『金持ち父さん』シリーズの著者として有名。

カピカしたものに飽き始めて、新しい洗練の時代に入ったのを感じたんだと思う。

東京R不動産のお客さんは、最初はいわゆる建築家やアーティスト。その後、取材で目が肥えてる編集者やデザイナーが加わって、リーマン・ショックのちょっと前ぐらいになると、ソニーや電通、博報堂、テレビ局の社員さんなど大手企業に勤める、流行に敏感な人たちが多くなった。少しずつ、日本人の空間を味わう感性が変わっていったことを感じました。そしてリーマン・ショックで、多くの人々の価値観も変わった。

大島　アートとファイナンスの関係を見ると、アートはサザビーズみたいなオークションの仕組みやアートギャラリーのような客観的な存在によって社会的に評価され、資産価値とつながっている。けれど不動産は、ことに建物は本来なら非常に社会性のある資産であるはずなのに、まっとうな評価がされていないという矛盾があった。資産価値というのは、それを欲している人とつながれなければ生まれない。つまりつなげられる仕組みが正しく作用していないのが不動産の世界の問題点。

だから欲しい人と資産をマッチングする仕組みが増えたことの影響は大きいと思う。R不動産も含め、インターネットやフェイスブックなど個人が発信する力をもったので、特殊なものでも自分だけのマーケットをつくれるようになった。そもそも不動産、建築物はすべての商品がオンリーワンでひとつひとつが特殊な存在。そこで建築も流通するようになり、建築と個別の資産価値がつながった気がする。

馬場　そうね、そんな感じはある。

3・11でさらに加速した価値観の変化に、リノベーションがフィットした

――2011年の東日本大震災以降、人々がソーシャルを意識するようになり、若い人がボランティアに参加したり、コミュニティをつくったり、その居場所もお金を掛けずにDIYでつくる状況が生まれているように思いますが、いかがでしょうか？

馬場　奇しくも北九州でやった、第1回目の「リノベーションシンポジウム」が3・11の1週間後でした。日本人は3・11で、地域やコミュニティというものを見直さなければいけないんだってことを、嫌というほど感じ取ったわけですよね。「リノベーションまちづくり」のムーブメントは、それと並走している。リノベーションカルチャーに、そちらからの流れが横からガンッって入ってきた感じがありますね。

大島　馬場さんもいま、リノベスクールのユニットマスターをやってくれていますが、馬場正尊を知らない人が結構いるでしょ。「リノベ」と名の付くイベントに集まる人で、僕らの名前を知らないいな

んて、とはおこがましいけど。

馬場　いるいる。

大島　スクールを始めた5年前に比べたら明らかに集まる人種の幅が広がっている。それはリノベーションという発想そのものが、建築業界だけのものじゃなくなってきていることの証で、すごく嬉しいことなんだよね。

先ほどのリーマン・ショック後のクライアントの話にもつながりますが、結局、先祖代々で不動産を守ってきた地主や、長い歴史をもつ企業になると、そのまちの名士として地域のことを考える必要があるんです。ノブレス・オブリージュみたいなもの。資産運用っていう感覚じゃない。だから、彼らはもともと不動産事業にソーシャルな感覚をもち合わせていた。ただ3・11以降、それが一気に加速した感がある。

馬場　地元の名士が地域のため、まちのためって言うと若干、胡散臭かった

HEAD研究会によって主催された第1回「リノベーションシンポジウム」。「リノベーション・スクール」のパイロット版として企画された

のが、いまはほんとうにそうだなって社会が受け入れる空気になってきた。

バブル崩壊以降、徐々にブランドものなどの贅沢品ではなく、日常の生活を楽しもうという雰囲気になり、3・11以降はより身近な幸せやコミュニティのつながりを求めるようになった。そういう価値観にはセンスのいいリノベーションはフィットしたと思うし、実際手に入れやすい。なにかを大雑把に手に入れるより、丹念につくられたものをもっている人のほうが、幸せそうだしかっこいいと、素直に思えるようになってきた気がする。

2000年以降、一般的な住宅の選択肢にリノベーションという手段が認識されるように

大島　生涯資産の形成方法が、バブル経済崩壊以前と2000年以降で、まったく変わったじゃないですか。崩壊以前には、土地値は必ず上がると信じられてたから、とにかく金を借りてでも不動産を買えという流れだった。崩壊以降も、不動産業界、住宅産業界には、金利や税制の優遇があるからやっぱり新築を買ったほうが得というムードが残った。いまに至るまで、みんな建てろ建てろ買え買えの夢から突然覚まされてしまったような混沌とした状態がつづいていますが、バブル崩壊後の数年間

はとくに、一般の人にとっては先行きを見通すことが難しかった。

　だけど2000年以降、僕らがリノベーションの仕事をし始めた頃から少しずつ、住環境に中古物件を選択することの合理性に気がつく人が現れてきた。新築プレミアム分も含め、結局値が落ち過大な負債となる家族向け新築住宅の購入よりも、最初から安価で便利な立地のコンパクトな中古マンションを買ったほうが近い将来の買い替えや運用も含めて気が楽だと勘づく人々が、その頃からいまに至るまで確実に増えてきてる。新築のタワーマンションの高層階を買うくらいだったら、コンパクトなビンテージマンションを買って、生活が変わったらそれを貸したり売ったりしたほうが得だと考えるようになりました。

　つまり単に感性の問題だけじゃなくて、具体的に資産運用の視点でもリノベーションに納得できるようになったのが、やはり2000年以降だと思います。とくにその頃はまだまだ都心のマンションは破格の安さだったから、早く気づいた人はほんとに得をした。

馬場　キャピタルゲインがないことはずいぶん前からわかってはいたんだけど、そのロジックが理解でき、かつセンスが良い人というのが生まれ始めているんだよね。

建築家がパートナーとして選ばれるようになった時代

――今回取り上げる建築家たちは、そういった時代の変化に柔軟に対応しているということでしょうか？

馬場　自分たちがダダを意識して、既存の概念をぶっ壊してやろうと息巻いていた頃に比べると、いまはずいぶん平和になった気がする。

大島　たしかに、若い建築家がみんないい人になった（笑）。その背景としては、建築や不動産にかかわる人たちの立場がフラットになってきたこともあると思う。「悪徳不動産屋、工務店とそれに騙される消費者」というかつてのステレオタイプ的な業界と生活者の関係イメージはもう過去のものだし、そんなやり逃げの方法ではもう業界は成り立たない。それどころかいまはさらに、企業の理念や長期のビジョンなども求められる。

たとえば住まう側は、ただ安い、安心というだけではなく、達成感のようなものも求めていて、それがつみき設計施工社のように「一緒につくる」ということにつながったりする。不動産事業を営む人々にとっても、80年代後半から世に出始めた初期デザイナーズマンションのように建築家にハコのデザインだけ依頼して終わりではなく、今は建築家を事業のパートナーとして、その後の運営の仕組みなんかも含めて一緒に考えるという流れにあると思います。

馬場　アート文脈からの変化も感じますね。2016年のプリツカー賞は、チリのアレハンドロ・アラヴェナ[12]が受賞した。地元コミュニティを巻き込んでつくる方法などアクティビティの全体像が評価されたもので、極めて民主的な建築。2015年のターナー賞を受賞したアッセンブル[13]は大工の集団みたいな感じで、みんなで家をつくってるHandiHouse projectやつみき設計施工社ともすごく似てるんだよね。ハイ・アートの部類だったプリツカー賞やターナー賞が、もっともローなところをすくい上げた。そういう意味ではもうダダの呪縛はなくなっちゃってるんだろうね。

王道を目指す建築家が地域に向かう

――「Chapter 2 都市へのアプローチ」で取材した403architecture[dajiba]、モクチン企画、坂東幸輔さんの活動についてはいかがでしょうか?

馬場　モクチン企画はオープンリソースを最初から強く意識したプロジェクトであることがすごく面白いと思ったな。2011年頃だと思うんだけど、とある渋谷での発表会で、彼らを含む、いわゆる王道の建築教育を受けている学生たちが不動産の単語やマネタイズというフレーズを出してきたことや、作品ではなく方法論やノウハウをプレゼン

「グランビーフォーストリーツ」の再生プロジェクトで2015年度ターナー賞を受賞。

テーションしていく方法に、時代の変化を感じました。

大島　社会構造が移り変わってくることによって、建築学生らの関心も変わっていったんだね。

ウェブ上で公開されているモクチン企画の「モクチンレシピ」

馬場　その渋谷での発表会に403architecture [dajiba] もプレゼンしていた。彼らはまちに住み着きながらそこで拾い物をして、それを用いてリノベーションしていた。「建物も拾ったもののうち

渥美の床（403architecture［dajiba］、2011年）

■12　アレハンドロ・アラヴェナ（Alejandro Aravena, 1967年-）
チリの建築家。アレハンドロ・アラベナ・アーキテクツ主宰。2009-15年プリツカー賞審査員。現在、王立英国建築家協会の国際フェロー。2016年プリツカー賞受賞。代表作に、住民が入居後に自らの住居に手を加えることで、さらに資産価値を向上させることができる仕組みを組み込んだ、チリのソーシャル・ハウジングがある。

■13　アッセンブル（Assemble：2010年-）
ロンドンを拠点に活動する建築設計事務所。一般の人々を巻き込み、ワークショップ的な手法を取り入れながら、建築をつくり上げていることで知られる。リバプールのスラム街

えんがわオフィス（坂東幸輔＋須磨一清＋伊藤暁／BUS、2013年）

のひとつ」みたいな感覚で。

403architecture [dajiba] やモクチン企画やつみき設計施工社は、建築をクラフト的に、工作するようにつくってるなって思う。

坂東さんについては、彼のようにエリアから信頼され、愛される建築家像というものが、僕はもっと出てきたらいいと思う。その建築家はいわゆる設計だけではなく、施工や不動産も担うはず。そういう新しい建築家像を大学などでも教えるべきじゃないかと思います。

大島　いま、積極的にIターン、Uターンする若者が増えている。事業規模は小さくともその土地にルーツがある者にとっては支えてくれる人がいて、リスクは低く、キャッシュフロー的にも良い状況がそこにはあるからなんです。そのなかでも出戻りの建築家なんかは地元としてはよくぞ帰って来てくれたっていう状況で、結構都会なんかよりも良い仕事ができていたりする。

それに地方のほうが社会問題が山積みなわけだから、社会問題を解決することを自分の仕事のやりがいに感じる若い世代にとっては、まさに理想的な環境。

馬場　最先端が地方にある気もするよね。人口減少にしろ空き家問題にしろ、社会問題が先鋭化されてるじゃない。だから地方のほうが思想的に先鋭化された、アバンギャルドな結論が出やすい気がする。

設計者の収入は設計料だけでなくていい

――「Chapter 3 事業企画へのアプローチ」で取材させていただいた嶋田洋平さん、SPEACの活動についてはいかがでしょうか?

馬場　嶋田さんは設計者の収入は設計料だけでなくていい、ということを身を以て意識的に、過激に言わんとしている。

大島　彼が建築設計以外にも小さなビジネスを日本中でたくさん展開しているのは、社会を変えようとするメッセージをそのビジネスに込めて、地域や身近な人たちに伝えたいから。そしてあえて人が真似できるようなシンプルなことをやって、真似することも肯定している。これまでの建築家では、絶対にあり得ないことですね。

――嶋田さんは10年近くもアトリエ設計事務所に勤めており、建築愛が強いがゆえに、建築家の職能に対して意識的になっているような気もします。

哲学堂マンションKOTONA（らいおん建築事務所、2015年）

馬場　その下の世代になると意識する必要すらなくなるからね。SPEACについては、「東京R不動産」でずっと一緒に組んでいるから、近すぎて批評しにくいな（笑）。彼らは事業スキームとの折り合いを含めて設計だと考えている。それは自分やブルースタジオと同じですよね。

さらにわかりやすい言葉で、より広く伝える

――「Chapter 4 不動産へのアプローチ」

で取材した坂田夏水さん、創造系不動産の高橋寿太郎さんの活動についてはいかがでしょうか?

大島　坂田さんは、わざと自分が対象とする世界を小さくしながらリアリティを高めていて、生活者とのわかりやすい対話を大事にしている気がする。僕らは建築設計の言葉を不動産オーナーや事業者、あるいは同世代の生活者に対してわかりやすく伝えるくらいはできたと思うけど、彼女はさらに高校生、あるいはもっと若い世代に対しても説得力のある表現方法で、建築の楽しさを伝えている気がする。

竜宮城アパートメント(SPEAC、2016年)

——坂田さんは住まい手の求めるものを、できるだけ実現すると言っていました。ある意味で、いまの日本人の好みを合わせ鏡のように映し出しているように思います。

馬場　まさに彼女は自分が鏡であることを積極的に受け入れて、表現という自意識や、わがままなものをバサッと排したところに立ち位置をもっているところが潔いよね。だけど奇妙なオリジナリティがあるのはなんでだろう。

Kuca上北沢（夏水組、2015年）

——坂田さんは、違う柄同士や異素材の組み合わせなど、素材を自由に使ってつくる楽しさを藤森照信■14先生と大嶋信道さんに学んだと言っていました。

馬場　たしかに、建築業界の金字塔を平気で使うっていうのは、藤森先生と一緒だよね（笑）。その辺りが独特の存在感につながっているのかもしれないね。

大島　創造系不動産の高橋さんのような、建築とそれ以外の分野、両方の言葉を操る通訳のような存在は大事だと思います。建築家って「建築」の言葉しか喋れないけれど、これからはほかの業界の言語もしゃべれないと、仕事の幅

■14　藤森照信（1946年–）
建築史家、建築家、東京大学名誉教授。著作に『建築探偵の冒険・東京編』（筑摩書房、1986年）、『日本の近代建築』（岩波書店、1993年）『藤森照信、素材の旅』（新建築社、2009年）など。代表作に「タンポポ・ハウス」（1995年）、「秋野不矩美術館」（1997年）、「高過庵」（2004年）などがある。

「architecturephoto.net」ウェブサイト

創造系不動産の提唱する「建築不動産フロー」

は広がらない。architecturephoto.netの後藤連平さんは不動産とは関係ないけれど、建築業界以外で評価の高い建築家も取り上げたいとしている。おふたりとも建築家の他ジャンルへの拡張を支援するスタンスですよね。

すんなり事業を始める軽やかな世代

――「Chapter 5 運営へのアプローチ」で取材した宮崎晃吉さんの活動についてはいかがでしょうか？

大島　宮崎君は、「軽快な世代」の建築家。ごく当たり前のこととして、自然に設計以外の事業と建築が自分ごととしてつながっている。

馬場　彼は自分が住んでいた木賃アパートをリノベーションしてHAGISOを始めているんだよね。

大島　彼は東京藝術大学卒業後、磯崎

HAGISO（HAGI STUDIO、2013年）

アトリエに入った人だから、HAGISOで展示するアートやイベントのクオリティはものすごく高い。彼は学生の頃から木賃アパートを自分の生活環境として使いこなしていた感覚の延長で、アートやまちと無理なくつながっている。

馬場　大島さんが大学生の頃も米軍ハウスを使いこなしていたけど、それが彼の世代になると、事業として考えられているんだね。状況に対して素直に行動していった結果、あの事業や空間があるという感じがする。

大島　嶋田さんの語り口っていうのはパンクなんだけど、宮崎さんはもはやパンクじゃないんですよね。

「レディ・メイド」的な発想とクラフト的な感覚

——「Chapter 6. 施工へのアプローチ」で取材させていただいた長坂常さん、つみき設計施工社さんの活動についてはいかがでしょうか？

大島　常くんは、アーティストというべきか、建築家というべきか、迷うところですね。彼のつくるものは、アートとして見ても、すごくリアリティがある。たとえば洗剤のボトルのラベルを剥がして、磨くとアートとして見えてしまうような、潜在価値をとことん引き出す「レディ・メイド」的な発想で作品を創作している。

馬場　彼は僕らみたいにほかの領域にいったりしないで、同じ場所にいるね。

大島　そうだね。彼は自分の目を信じているし、感じる状況をそのままアートにしようとしているから、彼をアーティ

Sayama Flat（スキーマ建築計画、2008年）

ストだとするならば、かなりダダに近いアーティストだと思う。

つみき設計施工社は、クラフト的な感性、市川という地域で活動していること、DIYワークショップでみんなでつくるということ、極めて現代的な施主や職人とのフラットな関係など、いろいろな側面をもっているよね。

OSAGARI（つみき設計施工社、2014年）

建築に特化した法規、不動産などの専門家が増えていったらいい

――最後に「Chapter 7 法規へのアプローチ」で取材した佐久間悠さんの活動についてはいかがでしょうか？

大島　佐久間さんは法規の専門家として、設計やコンサルタントの活動もされてる。高橋さんは不動産の専門家だけれど、こういう建築にかかわる専門家って、本来ならもっとたくさんいないといけないですよね。

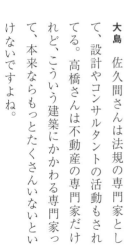

馬場　職能としてきちんと確立されるべき領域だよね。

――佐久間さんも高橋さんも、それぞれスクールを経営されていて、ノウハウを伝えて仲間を増やそうとされています。

馬場　リノベーションスクールとも似てますよね。広げて人を補おうという。時代が、つながりを増やして社会を良くしていこうという、そんな雰囲気になっているんだな。

今回の対談で初めて明らかになったのだけど、大島さんと僕の感覚的なベースがダダだったというのは改めて、興味深いなと思いました。僕らずっと、建築業界のはぐれ者だったじゃないですか。独特の居心地の悪さを感じていた。

20世紀の初頭にサロン的な美術業界へのアンチテーゼとして、ピカビアやデュシャンがそれに破壊工作を行ったけど、僕はどこかでそのダダ的な姿勢に憧れていたんだな。リノベーションを始めた当時も、閉じたように見えていたアカデミックな建築が息苦しくて、壊したいと思っていたのかもしれないですね。

コエドビール新工場（建築再構企画、リコークリエイティブサービス、KAMITOPEN、大賀建築構造設計事務所）。施工中のビールタンク搬入の様子

それから10年ちょっと経った現在、リノベーションなるものが一般化し、手法も定着し、社会的なものになった。ちょうど、ダダがポップアートとして汎用化されていったように。社会に対して積極的に回路を開きたくてやってきたことが、現在、実際のものになっているのかもしれないですね。

Chapter 1

メディア

へのアプローチ

INTERVIEW

01

メディアでの発信と事例の積み重ねで価値観を変えていく

馬場正尊｜Open A

リノベーションという言葉も珍しかった時代に、東京を眺める考現学として、いままで閉じられていた古い物件を流通させる不動産メディアとして「東京R不動産」は生まれた。メディアの果たした役割とこれからの戦略について馬場さんにお聞きした。

馬場正尊/Masataka BABA

1968年佐賀県生まれ。1994年早稲田大学大学院理工学部建築学科修了。1994-97年博報堂。1998-2000年早稲田大学大学院理工学部建築学科博士課程。1998-2002年雑誌『A』編集長。2003年Open A、東京R不動産設立。現在Open A Ltd.代表、東京R不動産ディレクター、東北芸術工科大学教授。

石山修武先生の思想「開放系技術」を受け継いでいると気がついた

——Open Aでの設計活動のほか、「R不動産」のディレクターとして、そのほか書籍の執筆などさまざまな分野で活動をされています。そのベースにあるものはなんでしょう?

僕は早稲田大学で石山修武先生に師事していたのですが、最近になって、その影響を色濃く受けていることに気づきました。

学生当時は受け止めきれなかったんですよ。修士の1年だった頃に「幻庵」に連れて行ってもらい、実際に森のなかに建つ鉄を工作したようなボールト型の小屋を目にしたのですが、正直言って戸惑いました。幻庵は近代的な部品を使ってはいるんですが、その部品を職人が現場で手で合わせてつくった建築なんです。ですから、それまで大学で教育されていた近代建築とは違う、極めて原始的、人間的な匂いのするものでした。石山先生が当時提唱していたのが、「開放系技術」と「アーキテクトビルダー」という思想です。恐ろしいことに、この思想の体系に僕はいまでもいるんですね。

僕がつくってきた「東京R不動産」は、一部の特殊な流通のなかに閉じこもっていた不動産という商品を一般向けに再流通させたものですし、「toolbox」もB to

Bだった建材をB to Cに変えようとしたものです。技術というものには、ハードウェアだけでなく、ルールや制度などのソフトウェアの技術もありますから、「技術」を解放したくて僕はこんなものをつくってきたんじゃないかと思うのです。

――Open Aとして独立されるまでの経緯を教えていただけますか？

僕は学生結婚をしたので、食い扶持を稼ぐためにアトリエではなく、大手企業に就職しようと考えました。大手ゼネコンから内定をいただいたのですが、そちらを辞退して博報堂を選んだ。建築以外の世界から建築を見てみようと本能的に思ったんだと思います。それを大学からめちゃくちゃ怒られて、石山先生からもどんなに怒られるかと恐怖に怯えながら報告に行ったら、「博報堂か。チャラいお前にはお似合いだ」と。ホッとして泣きそうになったことを覚えています。

博報堂では、中止になった世界都市博覧会■1を担当しました。生意気ですが、そのときに社会の現代建築家に対する見方を垣間見ました。パビリオンの設計者をどの建築家に依頼するのか事務局が適当に決めていること。中止が決定した後の『新建築』で、パビリオンを設計していた著名な建築家たちのコメントが、都市博自体を現象的にとらえたような、渦中の只中にいた自分としては当事者意識が薄いと感じられ

■1 世界都市博覧会
1996年3月24日から10月13日まで東京臨海副都心で開催される予定だった博覧会。1993年当時の東京都知事・鈴木俊一によって開催が決定。バブル崩壊等が原因で進出企業の契約辞退が相次ぐなか、1995年4月東京都知事選に世界都市博覧会の中止を公約に掲げた青島幸男が当選、その後5月に中止が発表された。

るようなものだったこと。なんだか社会と建築家の距離感を感じてしまったのです。

1970年の大阪万博の頃は、社会現象を丹下健三ら建築家がつくっていたように見えていた。それは素晴らしいことだったと思うけれど、同時に建築が過剰に政治や経済の渦に巻き込まれてしまい、そのアイデンティティや社会性が脅かされるとの危機感を募らせる建築家もいた。磯崎新は68年に「大文字の建築」という概念を提示し、建築表現と経済を切り離しに掛かった。その延長上にあるリアルな社会や経済と離れていく建築表現に石山研出身の僕は疑問を抱きました。また都市博自体が新聞報道や都知事選などハードではなくソフトの要因から瓦解していくのを目にして、僕らの時代の社会の規範が変わろうとしている、それを冷静に考えたいと思い、大学院に戻ることにしました。

大学院では建築とメディアの関係について研究するつもりでしたが、どうしても実践的なものではなく、社会学のような方向に向かってしまう。そこで自分自身で建築とメディアの関係を確かめてみようと、自ら雑誌『A』をつくり、寝る間もなく編集作業に没頭したのです。

博士課程を修了後に再び博報堂に戻りましたが、3カ月で辞めました。戻ったら、秩序のある世界が窮屈に感じるようになった。僕の休職中に博報堂が上場して、コンプライアンスなどうるさくなっていたから、余計そう感じたのだと思います。

辞めると決めた日のことはよく覚えています。その日キーボードを打ちながら部長席を見たときに、ふと10年後の自分の姿がそこに見えた気がしたんです。そのとき、なぜかいい知れぬ不安に襲われました。いままで先が見えない不安に怯えていたのに、先が見えることも不安なんだと思ったら、どうせなら面白いほうがいいやと思って辞めることにしたんです。

「東京R不動産」は新しいマネタイズルールをもったメディア

――独立後の最初の仕事を教えていただけますか?

辞めた後は空間設計の仕事をしようと思いました。博報堂では空間をプロデュースする仕事をしていたので、インテリアのデザインならできるけれど、いきなり建物全体の設計は難しいと考えたからです。その頃はリノベーションという言葉自体もあるかないかという時代。どうせなら新しくて、本流から外れた領域のほうがいいと思っていました。当時イデー代表だった黒崎輝男さんたちと知り合ったことで、「Rプロジェクト」というリノベーションの研究会を立ち上げようと盛り上がり、アメリカに渡って調査し、それを本にまとめることになった。取材は完全に自腹で、カンパを募って費用を捻出しました。アメリカではユニークなリノベーション物件を訪れては、そのオーナーに別の物件を紹介してもらうという、まるでわらしべ長者のような取材旅行をしました。10日間の旅を2回行ったのですが、映画の『冒険者たち』のように、その後日本を代表する小説家になった原田マハさんと、建築写真家として有名になった阿野太一さんとの3人の旅。そこでリノベーションの方法論を濃密に学びました。自腹を切ってダイブしたのは大きかったと思います。

その後、アメリカで学んだ方法論を実践してみようと、まず自分の事務所をリノベーションしてつくりました(「untitled」)。小さなショールームのようなスペースですが、これと取材旅行をまとめた本『R the transformers』(R-book製作委員会、2002年)のおかげもあって、仕事がもらえるようになりました。当時は大手ゼネコンなどもリノベーションをし始めていましたが、そういう金の掛かったようなものとは異なる、スピード感と即興性があるようなものを、僕らのカルチャーは求めているんだと考えていました。

――その後、「東京R不動産」をローンチさせました。

その頃、仕事と趣味を兼ねて古くて味のある物件を探し、ブログにアップしてい

untitled（Open A、2003年）

ました。それが好評で、掲載物件を借りたいというメールもチラホラいただくようになった。その頃の不動産屋では、改装できる物件というのはほとんど見つけられなかった。でも欲しがっている借り手はいるので、彼らとオーナーとをつなぐ仕組みが必要だと。それに魅力的な空き物件から東京を眺めてみようという考現学的な視点の興味もあった。SPEACの林や吉里との出会いもあって、不動産仲介サイトをつくれる環境も揃っていたから、この時代ならではの新しいメディアをつくってみようと思ったんです。

東京R不動産は、ライティングや取材を開放系にすべしと意識していました。雑誌のような紙メディアというのはどうしても、編集長である自分のところに情報を一極集約させてつくるから、僕がおもしろくなくなったら、雑誌もおもしろくなくなる。それはとても疲れることだし、大きく広げにくいから、できるだけたくさんの人間がコミットしてつくれるように、文体や写真のテイストなども最初に考え抜いて設定しました。

またそれまでのメディアは広告費でしか成り立ち得なかったけど、それだと自走させるのが難しいから、不動産仲介というマネタイズルールを組み合わせた。東京R不動産は不動産業界側から見ると不動産仲介サイトですが、メディア側から見ると新しいマネタイズルールをもったメディアなのです。

社会を挑発する立場から、社会に定着させるという立場に

——現在のOpen Aのリノベーション事業について教えてください。

いまは、三菱地所、JR東日本都市開発、UR都市機構などの大企業との仕事が多いですね。ニッチだ、サブカルチャーだと思っていたリノベーションという手法が、いまや完全に大企業が手掛ける事業になったのだと実感します。

リノベーションというものは、戦後日本を支えてきた新築カルチャーの逆をいく手法ですから、同時代につくられた建築基準法や旅館業法などの制度やファイナンスの仕組みに適合できない矛盾が現れています。大企業から要請されるのは、いまの枠組みのなかで合法的にその矛盾を解いてくれというもので、かなり高度な用途変更なども行っています。

僕の役割はサブカルチャーの風景をつくるものだったのに、いまはそれを一般解として提示してくれと言われている気がします。社会の価値観が変わったんじゃないかと思う。価値観を変えるには、実例の積み重ねが必要。Open Aでつくってきた小さな実例の積み重ねと、東京R不動産などによるメディア化で、大企業のやんちゃな人たちの目にも留まって、コミットしてくるようになった。そうなると、

道頓堀角座(Open A、2013年)。松竹芸能が所有する土地を公共空間的に扱ったプロジェクト

ゆっくりですが都市の風景も変わっていく気がします。

そのほか、内閣府や国土交通省と建築基準法上の用途変更のルールづくりや既存不適格・完了検査済証のない建築の再生方法のロジックを考えたりもしています。

僕の初期の活動は、新しい空間のつくり方を提示して社会を挑発するということだったけれど、いまはそれを社会に定着させるという役割に変わった気がする。最近は「僕は体制側なのか？」という若干不思議な感覚さえ覚えますね。

パブリックを市民に開くためのシステムやルールをどんどん発信していきたい

――2015年から、「公共R不動産」というウェブサイトを立ち上げました。たいへんユニークな試みですね。

「公共R不動産」は、使われなくなったり、もしくは今後使われなくなるパブリックスペースの情報を全国から集め、それを買いたい、借りたい、使いたい市民や企業とマッチングするためのウェブサイト。ユニークな活用事例や、活用提案募集事例などを掲載しています。

パブリックスペースって、本来なら市民のためのスペースですよね。それなのに、たとえば公園ひとつとっても、ボール遊びは禁止、バーベキューは禁止など、禁止事項がありすぎて、だれのための空間なのかわからないものになっています。つまりパブリックスペースなのに民主的ではなくなってしまっている。これを再び市民の手に取り戻す方法を確立したい。そのためのドライバーが公共R不動産です。このメディアで、パブリックスペースを市民に開くムーブメントをつくろうとしているわけです。

『RePUBLIC　公共空間のリノベーション』（学芸出版社、２０１３年）を書いている２０１２年頃から、公共空間に対する問題意識がどんどん大きくなっていって。２０１３年頃から構想のアイデアを思いついた。でも、東京R不動産のメンバーにさえ、最初は「は？」という感じで、呆れられていました。案の上、マネタイズするのは苦労しています。でも多少苦労してでも、やりながらじゃないと見つからないから、絶対つくろうと思った。いざつくることは決めても、行政の理論がちんぷんかんぷんだったのですが、いろいろなところで公共R不動産をつくると言っていたら、コンサルティング会社「アクセンチュア」出身の飯石 藍、日本政策投資銀行出身の菊地マリエ、大成建設でPFIの部署に所属していた内田友紀という、この分野に詳しい優秀なメンバーが集まった。彼女たちとR不動産有志でプロジェクトチームをつくり、収益の配分ルールを決めながら、パイロット事業としてスタートさせました。

「公共R不動産」ウェブサイト

——今後の展望について教えてください。

いまは、いろんな行政から「公共スペースが余って困っている」という相談がたくさん寄せられるようになりました。漠然とした相談ばかりで具体的な仕事にはなかなか結び付きそうにないですが、日本中に問題意識があることだけはわかりました。東京R不動産でも、本格的に稼働するようになるまで3年掛かったから、3年後には市民に開いたパブリックスペースの具体的なプロジェクトが動き始めるんじゃないかと期待しています。

そしてOpen Aは、その一連のプロセスや方法論を、公共R不動産を通してオープンにしていこうと考えています。Open Aだけがそのノウハウをもっていても、とても都市全体は変えられないですからね。それ以外にも、パブリックスペースを使いやすくするためのシステムやルールなどと併せて発信できれば、きっと変わっていくと思っています。僕らの活動がリノベーションという価値観を広めるきっかけになったように。今後は、都市と個人のかかわり方のバリエーションをもっとたくさんつくって、個人が自由で楽しくいられるような空気をつくるというのがビジョンとも言えるかもしれないですね。

Chapter 2

都市

へのアプローチ

INTERVIEW

02

浜松から学び、建築の言語・理論を考えていく

彌田 徹・辻 琢磨・橋本健史—403architecture [dajiba]

新築、改築、解体を等価に扱う独自の視点が注目された403architecture [dajiba]。設計活動の拠点を静岡県浜松市においたきっかけや、地域との関係、建築家の職能についての考えをお聞きした。

彌田 徹／
Toru YADA
1985年大分県生まれ。2011年筑波大学大学院芸術専攻修了。
2011年403architecture［dajiba］設立。

辻 琢磨／
Takuma TSUJI
1986年静岡県生まれ。2010年横浜国立大学大学院建築都市スクールY-GSA修了。
2011年403architecture［dajiba］設立。

橋本健史／
Takeshi HASHIMOTO
1984年兵庫県生まれ。2010年横浜国立大学大学院建築都市スクールY-GSA修了。
2011年403architecture［dajiba］設立。

建築イベントがきっかけで浜松に拠点をおくことに

――403architecture [dajiba] は、浜松を拠点に活動を行っています。なぜ浜松を拠点に据えたのでしょうか?

辻　僕たちが浜松にかかわることになったきっかけは、2010年に第1回目が開催された「浜松建築会議」というイベントでした。これは浜松で活動する建築家や建築学生が中心となって地方都市の中心市街地の問題を議論するというもので、僕は実行委員のひとりとして運営にあたりました。

そこで行われた市街地の空室を対象にしたリサーチを通し、浜松には古いビルや賃貸マンションに多く空室があることがわかりました。それでなんとなくですが、こうした似たような条件の仕事が、どうやらここにはたくさんありそうだと勘が働いた(笑)。

実際に、第1回目の浜松建築会議のワークショップで学生たちが短期利用した「三展ビル」の空室の隣が、後に「渥美の床」のクライアントになる美容室で、これがきっかけでオーナーと知り合うことができました。結果的に最初のプロジェクトとなった渥美の床だけではなく、同じクライアントから次に美容室内のバックルーム

渥美の床（403architecture[dajiba]、2011年）

（「三展の格子」）を依頼され、それを見た不動産業の方からマンションのリノベーション（「海老塚の段差」）を依頼されるというように、クライアント同士のネットワークによって、1年目は仕事が連鎖的に入ってきました。

三展ビルだけでなく、僕らが手掛けたプロジェクトが集中する共同建築「カギヤビル」とかかわるきっかけも浜松建築会議でした。当時使われていなかったカギヤビルのスペースを、アーティストのアトリエギャラリーとして用いましたが、その後、アーティストやクリエイターが集うギャラリーのような雰囲気の場所が運営されるようになりました。カギヤビルの現オーナーである不動産会社の社長も、立地の良さももちろんありましたが、このビルの雰囲気にも惹かれて購入したと聞いています。その社長は僕らと価値観を共有してくれて、「ニューショップ浜松／鍵屋の敷地」というプロジェクトを協同で進めることになったり、「鍵屋の階段」のクライアントともこのカギヤビルでのイベントがきっかけで知り合うことができました。

——学生時代のプロジェクトが仕事につながっていったのですね。

橋本　事務所設立前の浜松とのかかわりを通して、浜松には空いてしまっている路面店や、借り手の付かない賃貸マンションなど、新しい展開を必要としている場所

ニューショップ浜松/鍵屋の敷地(403architecture[dajiba]、2014年)

鍵屋の階段(403architecture[dajiba]、2015年)

Manhattan"(1978年:邦訳『錯乱のニューヨーク』鈴木圭介訳、筑摩書房、1995年)にてマンハッタン成立の過程から資本主義経済下で現われる都市的現象を解説、そこに見い出せる理論構造を「マンハッタニズム」と定義した。2000年プリツカー賞受賞。

■3 アトリエ・ワン(1992年-)
塚本由晴と貝島桃代が主宰する設計事務所。都市空間のフィールドワークを行い、その成果を設計に活かす。著作に『メイド・イン・トーキョー』(鹿島出版会、2001年)、『ペット・アーキテクチャー・ガイドブック』(ワールド・フォトプレス、2001年)など。

が多く存在していることがわかりました。そのような場所に飛び込んでいって、それこそまちを改造するように具体的にかかわることで、都市そのものから建築のつくり方を学ぼうと考えました。

まちや人と時間を掛けてつき合いながら建築をつくることが必要

——浜松を拠点にしていることのメリットは？

辻　確たる修行をせずに独立したわれわれにとっては、浜松というまち自体が師匠のような存在です。建築のつくられ方だけでなく社会の規範やルール、人づきあいまで、あらゆることを学びました。ただ、僕らも自分たちのアウトプットを通して浜松に少なからず影響を与えている。これまでは与えてもらうという意識が強かったのですが、自分たちが浜松という存在になにを与え得るかということを含めてまちを考えると、また違った価値観をもてるのかなと思います。

橋本　ヴェンチューリ[■1]がラスベガスから学び、コールハース[■2]がニューヨークから、アトリエ・ワン[■3]が東京から学んだように、浜松から学ぶことで、建築の言語・理論を考えていくことが重要だと考えています。それが浜松にどう還元できるのかはいまの段

■1　ロバート・ヴェンチューリ（Robert Venturi、1925年-）アメリカの建築家。"Complexity and Contradiction in Architecture"（1966年：邦訳『建築の多様性と対立性』伊藤公文訳、鹿島出版会、1982年）や"Learning from Las Vegas"（1972年：邦訳『ラスベガス』石井和紘、伊藤公文訳、鹿島出版会、1978年）などにおいて、装飾を否定したモダニズム建築を批判し、ポストモダンを提唱。

■2　レム・コールハース（Rem Koolhaas、1944年-）オランダ・ロッテルダム出身の建築家、都市計画家。設計事務所OMAとその研究機関AMOを主宰。"Delirious New York: A Retroactive Manifesto for

階ではわからないですし、自分たちのプロジェクトによって環境を改善したり、特定の問題を解決することにももちろん意義を感じますが、それは一側面でしかないはずです。それよりも、いまの浜松のような状況が、どのように建築の姿を変え得るのかについて、興味がありますね。

――浜松のまちとはどのようにかかわっていますか？

彌田　まちとかかわるとは、さまざまな段階があって非常に難しいご質問ですが、先にお話しさせていただいた方々とは、いわゆるサービスする、されるという関係を越えて、お互いに困ったときにお手伝いをしたり、相談にのってもらったりと、より個人的、日常的なかかわりをもっています。みなさん、まちで活動する方々ばかりです。

その延長として、僕は近くの「ゆりの木通り商店街」の年中行事のような地域特有のイベントから、新規出店を促進するための仕組みの形成、買物客以外の方々がかかわれるような場づくりなど、多角的な活動をサポートしています。その一方で、辻は「教育」をキーワードに、「アンテナ」という団体を運営して近隣の大学生や他地域の人とまちにかかわるリサーチを行ったり、ときには「浜松まちなかにぎわい協議会」と連携し、商店街を舞台にしたワークショップを行っています。

辻　僕は建築の遅さとまちの関係について最近よく考えています。建築はつくる前もできた後も時間を掛けて共有することができる。なんでもかんでも瞬間的に消費される、速さを是とする現代の価値観のなかで、逆説的に建築のもつ遅さに価値が見い出せるのではないかと思います。発注者、設計者、使い手、つくり手を含めたまち自体をその遅さに巻き込んでいけるということです。たとえば、設計段階での住民ワークショップやその後の運営体制まで含めてプロジェクトとしてとらえることで、なるべく長く、多くの主体が建築に参加できる状況を積極的につくれると思います。

橋本　僕は住民参加のワークショップというのは、合意形成の手段というより、リサーチ的な側面が重要なのだと思います。まちで起こっていることや、その背景などのリアルな問題を共有するために、継続的に地域の人とかかわることは有効だと思う。そういう観点では、われわれは、それぞれ独自にまちにかかわる回路をもっていて、また同様にまちにかかわっている他業種のプレイヤーともゆるやかな連帯関係にある。そういうことが把握できるのが、浜松ならではのスケール感だと思います。

——建築に対する視線が厳しくなっていると感じます。より使い手の意識に寄り添うことが求められているのでしょうか?

橋本 僕はそういう論調には違和感を感じます。それはまるで建築家がいままで独善的な振る舞いをしてきたので、それを反省してこれからは使い手の側に立ちますというような、悪事を捏造することで信頼を得ようとする、勝手な方法です。そういう行いがまったくなかったとは言えませんが、基本的にはこれまで積み上げてきた建築の歴史的な蓄積を安易に否定するのではなく、それを新しいかたちにアップデートして、現代的なあり方を模索することでしか、人々に貢献することなどできないでしょう。

そもそもいろいろなアプローチがあるのが建築家という職能

——初期のプロジェクトはセルフビルドで、予算も少ないとお聞きしましたが、状況は変化しましたか?

橋本 最初の1年は、とにかく実際にやれるということ自体が嬉しかったですし、すでにある建物を壊しながらその成り立ちを理解し、その一部で間違ったつくり直しを行うような、ほとんど自主的なインスタレーションプロジェクトと言っていいようなものでした。しかしそれでは持続していかないので、徐々に仕事として成り立たせるため、数年掛けて料金表を整備したのが、われわれとしては大きな成果です。案件を営利／非営利に分類し、さらに床面積に対する金額をそれぞれ設定したものです。われわれがかかわることによって生まれる経済的な価値に対応しながら、ごく小さなプロジェクトであってもなるべく引き受けられるような仕組みになっています。このような基準ができることで、あまりに低予算のものは受けるのが難しいことを、クライアントにも説明しやすくなりました。

彌田　小さなプロジェクトを引き受けるというような少し変わった条件があり、設計料について考える機会があったことで、実際のプロジェクトに活かされたこともあります。

「ニューショップ浜松／鍵屋の敷地」という店舗では、事業計画から提案しています。「ニューショップ」は、施設の維持費と販売員への委託費もありますが、基本的には約10センチ角の木材を月100円で1本から借りることができるという仕組みです。1本100円というのはわかりやすいですが、持続もしていかなければならないので、ここでは収益金額、利回り、投資の回収期間などをまとめて提案しました。

――建築家の職能が広がり、スタンスが変化しているように感じます。

橋本　青木淳さんが『JA』86号で、われわれの世代を「土壌のデザインが建築になる世代」だと喩えられました。確固たる建築の土壌となるものがないなかで、特定の場所に留まりながら、自分たちの拠って立つ土からつくり上げていくという建築家像です。育てる作物も毎年同じような方法で植えて、定量的に収穫するのは難しくて、土の状態や地形、周辺との兼ね合いを考えて複数の品種を複合して育てたり、生育方法自体をなるべく既存の方法にこだわらずに考え、あるいは自分自身でバイオテクノロジーを使って品種を改良する、くらいのことが必要な時代なのかもしれません。

ただ「職能を拡張している」という言われ方には違和感があります。たとえば、いわゆる「アトリエで5年程度修行してから、親戚や家族の家の仕事を機会に独立し、住宅を数件手掛けてから公共建築を設計する」というのが典型的な建築家のあり方だったのは、せいぜいここ50年ほどの、しかも日本だけの特殊な状況です。そもそも、最初の建築家とも言われるブルネレスキ[4]は、すでにある下部構造にいか

■6　アンドレア・パラディオ（Andrea Palladio、1508-80年）イタリア・パドヴァ出身の建築家。ローマ建築を研究、設計に活かした。1570年に記した建築論の集大成〝I Quattro Libri dell'Architettura〟（邦訳：『パラーディオ「建築四書」注解』桐敷真次郎訳、中央公論美術出版、1986年）は、18世紀にイギリスをはじめに起こったパラディオ主義に大きな影響を及ぼした。

■7　ジュゼッペ・テラーニ（Giuseppe Terragni、1904-43年）イタリアのモダニストの建築家、都市計画家。ファシズム体制のための建築を多数設計。代表作に「カサ・デル・ファッショ」（1936年、イタリア・コモ）や「ヴィッラ・ビアンカ」（1937年、イタリア・セーヴェゾ）など。

にしてドームを架けるかを考案したことで名を知られましたし、ほとんどリノベーションしかしていないスカルパ[5]のような建築家もいます。あるいはヴィツェンツァにとってのパラディオ[6]や、コモにとってのテラーニ[7]など、特定の地域と密接にかかわった建築家も少なくありません。建築家の職能とは、そもそも膨大に広いのです。

そういう意味で、リノベーションか新築か、あるいは地方か東京か、この線引き自体偏狭的なものの見方だとは思いますが、そのようなカテゴライズに安閑としているべきではないはずです。建築を可能にするものはどこにあるのか、それを真摯に追求することが、あらためて必要なのだと感じています。

■4　フィリッポ・ブルネレスキ（Filippo Brunelleschi、1377-1446年）
イタリア・フィレンチェ出身、ルネサンスの最初の建築家。フィレンチェ大聖堂（1436年完成）のクーポラで設計した独立した2重構造のドーム（1418年設計案提出）は木の仮枠を組まずにつくられた世界で最初のドームで、建設当時世界最大だった。

■5　カルロ・スカルパ（Carlo Scarpa、1906-78年）
イタリア・ヴェネツィア出身の建築家。素材の扱いに長けた繊細な設計を行った。代表作に「オリヴェッティ社ショウルーム」（1958年、イタリア・ヴェネツィア）、「カステルヴェッキオ美術館改修」（1964年、イタリア・ヴェローナ）など。

INTERVIEW

03

都市のネットワークに挿入された「モクチンレシピ」でまちの風景を変える

連 勇太朗｜モクチン企画

木造賃貸アパートの改修とデザイン共有のツール「モクチンレシピ」を連動させ、成果を上げるモクチン企画の連さん。木造賃貸アパートを社会資源として活用しながら、今後は地域の再生にもかかわっていきたいという。

連 勇太朗/Yutaro MURAJI

1987年神奈川県生まれ。2012年慶應義塾大学大学院修士課程修了、モクチン企画設立。2015年慶應義塾大学大学院後期博士課程単位取得退学。現在、NPO法人モクチン企画代表理事、慶應義塾大学大学院特任助教(SFC-SBC)、横浜国立大学先端科学高等研究院客員助教（IAS）。

「モクチンレシピ」は不動産管理会社や工務店のデザインツール

――「モクチンレシピ」の使い方を教えてください。

まず前提として、私たちは「モクチン企画」を組織ではなく、プロジェクトだと考えています。モクチン企画のミッションはまちの新しい新陳代謝の仕組みを社会に実装すること。そしてこのプロジェクトのキーとなる「モクチンレシピ」は、木造賃貸アパートを改修するためのアイデア集で、具体的には部分的かつ汎用性のあるアイデアをカタログ化し、オープンにしたウェブサイトです。現時点でのおもな利用者は、地元密着型の不動産管理会社や工務店になります。

一般的に、木造賃貸アパートの改修案を考えているのは、建築家やデザイナーではなく、地元密着型の不動産管理会社です。彼らは設備の変更や外壁の塗装、ときには間取りの変更まで、具体的な改修計画を考えて、入居者やテナントが付くように手入れをしています。私たちの着眼点は、こうした不動産会社の人たちが単純に古いものを新しくするとか、できるだけ安価に改修するということを超えて、より空間の質に寄与する発想を身につけることで、アパートの魅力をボトムアップ的につくっていくことができるのではないかということ。実際、普段の原状回復時にモクチ

ウェブ上で公開されている「モクチンレシピ」。会員になると実施のための詳細図面も閲覧することができる

ンレシピを参照し提案に組み込んでいくというのが、レシピの一番多い使われ方になります。また、不動産管理会社の下請けとなるリフォーム会社や工務店が、よりデザイン性のある部屋をつくるためにモクチンレシピを利用することもあります。

ほかにも、モクチン企画が直接再生の依頼を受ける際にレシピを自分たち自身で使っています。そもそも工事費が限られていて、設計費を十分にもらうことが難しいケースでは、ていねいに時間を掛けて、改修提案をつくることが難しいため、30分や1時間でつくりきってしまうような設計業務を効率化するためのツールとしても使えます。逆に大規模な改修の場合は、新しいレシピを開発しながら設計を進めていくこともあります。また、現場で大工さんとその場で改修案から見積もりまでを短時間でまとめ上げる際の共通言語としても使えます。

基本的にだれがどんなふうに使おうと、あらゆる操作や情報がモクチンレシピを進化させていくための知的リソースになっていきます。そういう意味で、私たち自身も不動産会社や工務店の人たちと同じように設計時にレシピを使い、ときには新しいアイデアを追加していくことで、より魅力のあるデザインリソースとしてモクチンレシピを育てていけないかと思っています。

——なぜ木造賃貸アパートに注目されたのでしょうか?

木造賃貸アパートはとにかく大量にあるビルディングタイプで、戦後にたくさん建設されました。そうした意味で、まちを構成する重要な粒なのですが、いまこうした粒たちがどんどん機能不全に陥ってきている。老朽化や耐震性能などハードの問題もあれば、地域コミュニティのなかでの位置づけなどのソフトの問題もあります。こうしたまちのミクロな粒に対して、建築的なアイデアを提供し、木賃アパートというビルディングタイプの価値を底上げすることができれば、必然的に私たちの実践が都市的なスケールや影響力をもつのではないかと考えて仕事をしています。木賃アパートという限られた「部分」からの活動ですが、そこからまちのさまざまな問題に対してもアプローチできるのではないかと思っています。

私たちは、まちのさまざまな関係性を編集していくような、都市の更新方法を考え実践したいと思っています。人と人の関係性に限らず、その場を構成している物理的なものや情報を含めて、あらゆるものが関係し合ってまちは存在していきます。また、そうした関係性を醸成するには時間の力も大きく作用します。そうしたさまざまな関係性は多くの場合、まちや社会のセーフティネットとして機能していることも多いと思いますが、そういう意味で、そうしたネットワークを編集していく技術をいかに獲得していくかが私たちの課題です。

卒業制作として始めた「モクチンレシピ」

——単体の建築ではなく、ネットワークを扱うという発想は、いつからもたれたのですか?

私は学生の頃から、新しいテクノロジーや思考によって建築のつくられ方がどう変わるのかということに興味をもっていました。父がイギリスのAAスクール出身で、ファン・パレスなどのプロジェクトで有名なセドリック・プライス[1]のアシスタントをしていたことも影響して、幼い頃から建築家は建物を設計する職業とは思っていませんでした。それより新しい思考方法を発明し、社会の問題を提起し、ときには解決策を提示する仕事だと思っていました。

学部から博士課程までを過ごした慶應義塾大学の湘南藤沢キャンパス(SFC)は、建築学科などの決まった学問領域に属する必要がなく、マーケティングや社会起業などの研究室にも出入りしていたので、いろんな方面からの影響を受けました。ゼミは、建築だけでなく、まちづくりや都市デザインまでを横断してプロジェクトに取り組む小林博人さんに師事しました。ほかにはソーシャルマーケティングを専門にする玉村雅敏[2]さんの研究会に所属したり、橋下徹さんの政治改革のブレー

■1 セドリック・プライス(Cedric Price、1934-2003年)
イギリスの建築家。代表的なプロジェクトに"The Fun Palace"、"Potteries Thinkbelt"など。

■2 玉村雅敏
専門は公共経営、ソーシャルマーケティング、評価システム設計、コミュニティ論。全国の公共分野や社会的領域における評価システム設計や経営システム構築、マーケティング戦略構築に多く携わる。主な編著書に『ソーシャル・インパクト』(産学社、2014年)、『地域を変えるミュージアム』(英治出版、2013年)など。

ンをやっていた、上山信一[3]さんの授業なども集中的に取っていました。SFCではコモンズ論やネットワーク論があたり前のように議論されていました。ですので、そうした知見や考え方を建築を考える際のヒントにしていくことは、私にとってはとても自然なことでした。

――「レシピ」を卒業制作にしたいと考えられていたそうですね。

学部4年の頃、デザインをオープンにして共有することに可能性を感じ、卒業制作としてwikiのシステムを使った設計プロジェクトをしたいと思い、いろいろなところに企画をもちこみプレゼンをしていました。そうしたなかで良品計画のムジネットに在籍し、「無印良品の家」事業を推進されていた土谷貞雄[4]さんがおもしろがってくれ、ブルースタジオの大島芳彦さんを紹介してくださり、「木造賃貸アパートワークショップ」というプロジェクトを始めることになりました。月に1回、下北沢や高円寺をフィールドワークし、木造賃貸アパートの改修案を考え、実際に不動産会社に提案し、セルフビルドで改修しました。

その後、修士2年だった2011年に不動産賃貸仲介会社のエイブルにスポンサーとなってもらい、調布で3軒のアパートを同時再生し、併せてモクチンレシピのプロ

■3 上山信一
専門は企業の経営戦略、行政改革、地域再生、ミュージアムマネジメント。著作に『政策連携の時代』(日本評論社、2002年)、『「行政経営」の時代ー評価から実践へ』(NTT出版、1999年)など。

■4 土谷貞雄(1960年-)
コンサルタント、建築家、住まい、暮らしに関する研究者、コラムニスト。(株)貞雄代表。商品開発からプロモーションまで一貫した住宅商品開発支援を行う。

トタイプをつくりました。

――博士課程に進学するタイミングで事業化されましたね。

２０１１年につくったモクチンレシピの反応が良く、実際に使いたいという声が多かったため、２０１２年、事業化に踏みきることにしました。その際にモクチンレシピも紙媒体で管理していたものをウェブ上の管理に切り替え、その年の9月にローンチしました。

事業化にあたり、「レシピ」を使いやすくするサービスとして会員制を導入し、当初からこれを気に入ってくださった川崎の不動産管理会社や学生の頃からの人脈で10社からスタートしました。その後、紹介やさまざまなメディアを通して、徐々に会員が増えていきました。

モクチンレシピは共有の知的財産

――「モクチン企画」の体制を教えてください。

法人格としてはNPO法人を採用しています。現在は常勤が3名、プロジェクト契約というかたちで2、3名、アルバイトの学生が数人です。また土谷さんや大島さんも理事としてかかわっていただいています。

この事務所がほかの事務所と大きく異なるのは、ウェブサイトの運営にかなりのコストを割いていることですね。レシピという仕組み自体がいままで世のなかになかったもので、見本にできるモデルがありませんでしたし、また不特定多数の人たちが使うサービスなので、従来の建築家とは違う表現方法を取らなくてはなりませんでしたから、ウェブデザインやサービスもトライ・アンド・エラーを繰り返して、徐々につくりこんでいきました。

業務内容はそうしたウェブサービスとしてのモクチンレシピの運営・管理、会員サービスや空室相談の対応、新規事業の開発、そして直接受ける改修案件といったかたちに大きく分けることができます。

――現在の会員社数は何社でしょうか?

現在、会員の枠にはパートナーズ会員とプロフェッショナル会員の2枠があり、受けられるサービスが異なります。簡単に説明すると、パートナーズ会員には「モクチン相談室」という困ったときにサポートを受けられるというサービスがあり、1社あたり年間20万円の会費をいただきます。プロフェッショナル会員の会費は年間5万円です。現在、パートナーズ会員は20社ほどです。両会員ともレシピの実施用詳細図面を含む会員専用のウェブコンテンツを閲覧することができます。

――仕事はすべて「モクチンレシピ」を使用しているのでしょうか?

私たちは会員へのサポートサービスとしての設計のほか、会員以外からの設計依頼も受けており、工事費も10万円から3000万円までグラデーションになっています。ただモクチン企画は、あらゆる仕事で常にレシピを意識し、その組み合わせでなにができるのかを試行しています。レシピ自体は完璧なものではなく、現場で使われていくなかでどんどん更新され数も増えていくものです。

トラブルももちろんあります。モクチンレシピを使うと一般的ではない、少し変わった部屋になりますし、ラフな床仕上げの意図が理解されないこともありましたが、それらはすべてレシピにフィードバックして、進化させる際の重要な情報としています。

不動産管理会社や工務店がレシピを使ったら、写真を撮ってアップロードできる機能があるのですが、そこでアップされた事例写真を見るのもとても楽しいですし、勉強になります。こうしたあらゆる情報がレシピを進化させていく際の重要な素材となります。

またより使いやすくするため、ひとつひとつのレシピの組み合わせをうまくピックアップできる仕組みを、データベースとして組んでいます。これは、Amazonの画面でおススメ商品が表示されるように、相性の良さを可視化する試みです。それをもっと効率的に、最適化できるようにブラッシュアップしていくのも課題です。

常に実践し発展させて、モクチン企画だけでなく、使ってくださっている会員を含めて、みんなでレシピを共有の知的財産として育てています。

不動産管理会社と協働でまちの個性をつくっていく

――最近では、「カマタ クーチ」など地域に深くかかわるプロジェクトも実践されています。

「カマタ クーチ」は、蒲田にある私たちの事務所のまわりで少しずつ進めているプロジェクトです。木造密集市街地のなかで建物や塀を間引いて「クーチ（空地）」をつくり、だれもが通り抜けられる「まちの隙間」をつくるプロジェクトです。このプロジェクトは、私たちが借りている事務所の大家である茨田禎之さんと進めているものです。茨田さんはこのエリアの地主で、長期的にまちの魅力を上げることで、不動産価値を向上させようとしています。私たちのビジョンや、やりたいことと共鳴することがとても多く、このプロジェクトも異なるいくつかの敷地を一体的につなげていくことで、エリア一帯の価値を上げることを目標にしています。

具体的には敷地内に路地を通したり、ショップや工房をつくりました。今後はカフェなどもつくる予定です。ここでつくった空地が、さまざまな活動やつながりをつくり出す空間となるよう、使われ方まで考えています。さらに敷地近くにも茨田さんが仕掛けている別のプロジェクト、工房付きシェアオフィス「カマタ ブリッジ」があります。これは私たちがやっている「カマタ クーチ」の姉妹プロジェクトとして、蒲田周辺にクリエイターやスタートアップの企業が集まりやすい環境をつくろうというものです。

――まちづくりもビジネスの視野に入れているのですか?

現在、法人化して4年が経つところですが、ビジネスを次のステップに進めよう

「カマタ クーチ」計画図

と画策しているところです。いままでは建物や部屋単位での改修が中心でしたが、今後はもう少し「エリア単位」でプロジェクトを仕掛けていく仕組みができないかと考えています。エリアの数年先のビジョンを策定しながら、その未来に向けてモクチンレシピを使いながら計画的に地域を更新していく事業モデルを考えられないかなと。不動産管理会社も地域を良くしていかないと自分たちの物件の価値を上げられないという危機意識をもっていますから、そういう意味では目指す目標は一致しています。

まちそのものが均質化していくなかで、まちの個性や多様性をいかに創出していくかが、これから求められることだと思っています。まずは現在の会員とビジネスパートナーとしての関係性をより強め、3年後あるいは5年後の地域のビジョンを共有し、戦略的に計画を実践していきたいですね。組織もそれに合わせ、エンジニアを増やしたり、コミュニケーションやワークショップに特化した人材を入れるなどして、強化していくつもりです。

——今後はどういう建築を実践していきたいですか？

経済を動かす新しい枠組みがいま、さまざまなところで生まれています。僕らのようなNPOをはじめ、さまざまな地域主体や市民団体が活発に活動していますし、いままでにない社会起業家と言われるような主体も現れている。そんななかで新しいつながりによって新しい経済が創出されているということが、さまざまなところで指摘されていますし、実感しています。

そういう意味で、そのときどきの時代の社会システムが大きく建築を変えていったように「新しい関係性をインフラにした新しい建築とはなにか」ということを考えています。単に収益性や事業性の話ではなく、建築の創作方法やアウトプットそのものを変容させていくような建築家のビジネスモデルを構築したいです。

僕たちは単純に敷地のなかだけで発想するということを超えて、地域というレベルや、マーケット全体のなかでどういうことができるかを考えています。新しい事業、新しい組織、新しい方法論を構築しなければ、建築家が提供することのできる新しい空間モデルを、現代社会では実現できないんじゃないかと思っています。

INTERVIEW 04

地域で建築家を育てる仕組みをつくりたい

坂東幸輔―坂東幸輔建築設計事務所

徳島県神山町や牟岐町での空き家再生まちづくりに携わる坂東さん。ともすると仕事がないと思われがちな地域でのクリエイティブ系の仕事も、意外と成立するという。その仕組みや展望をお聞きした。

坂東幸輔/Kousuke BANDO
1979年徳島県生まれ。2002年東京藝術大学美術学部建築科卒業。2002-04年スキーマ建築計画。2008年ハーバード大学大学院デザインスクール修了。2009年(株)ティーハウス建築設計事務所。2010年坂東幸輔建築設計事務所設立。2010-13年東京藝術大学美術学部建築科教育研究助手、2013年aat+ヨコミゾマコト建築設計事務所。現在、坂東幸輔建築設計事務所主宰、京都市立芸術大学講師、京都工芸繊維大学非常勤講師。

牟岐のまちづくりは「教育」と「学生」がキーワード

——坂東さんは徳島県神山町ではBUS[1]として、まちのサテライトオフィス事業の発端となったシェアオフィスの設計で注目を集められました。現在、携わっているほかの地域での活動について教えてください。

2015年1月から、徳島県牟岐町出羽島で空き家再生まちづくり「出羽島プロジェクト」に携わっています。出羽島はもともと人口700人、180戸程度の漁村だったのですが、200海里問題で遠洋漁業の制限を受けてから過疎化し、全住戸の3分の2が空き家となっている島です。

2014年3月にたまたま出羽島のアート展を見に行ったところ、島の雰囲気が良く、すっかり気に入りました。伝統的な民家もたくさん残っていて古民家好きの僕にとってはまさに宝島。そんなところで古民家を修繕しながら生きていくのも楽しそうだと思い、まちの方に話をお聞きしていたところ、教育・国際交流プログラム「H-LAB」[2]のサマースクールにかかわったこともあり「元木邸」再生の仕事で声を掛けていただきました。同じ県内出身ということも大きかったかもしれません。

いま動いているプロジェクトは牟岐町が購入した空き家、元木邸を改装しカフェ

■1 BUS(2010年-)
坂東幸輔と須磨一清により立ち上げられた設計組織で、現在は伊藤暁も加わった3人体制。BUSの名称は、神山で活動するときのみ使う。

■2 H-LAB
「ボーダーを越えたリベラル・アーツ」をコンセプトに2011年に設立。世界中から高校生と大学生、社会人が集まり多様性あふれる環境のなかで主体的な進路選択と将来設計について考える教育・国際交流プログラム。

徳島県海部郡牟岐町出羽島の風景

出羽島プロジェクト。
元木邸の改修設計ワークショップの様子

改修前の元木邸

スペースにするというもの。伝統的建造物群保存地区の改修のモデルとなることが求められていたので、外観はオリジナルに近づけています。

僕が牟岐町の教育委員会から依頼していただいた仕事なのですが、最初から設計は学生にという希望でした。そこでワークショップに学生を呼び、まちの人と交流してもらいながら設計を進めていきました。

――なぜ学生に設計をさせたいと希望されていたのでしょうか?

牟岐町では2014年にH-LABと一緒に、高校生向けのサマースクールを実施しました。それは高校生を中心に合宿形式でリベラルアーツを教えながら疑似留学体験をさせるもので、海外や国内の大学生が中心となり運営しています。それがたいへん盛り上がったのですね。徳島県内の高校生も多く参加していたのですが、終わった後に参加者が感動して泣いてしまうほどでした。僕も徳島出身なのでよくわかるのですが、地方の中・高校生は都会にコンプレックスを感じていることが多いんですよ。ですから世界のトップレベルの大学生と触れ合って圧倒される反面、自分たちとそれほど変わらないのだという発見もあって、鬱屈した感情が噴き出して感動するのだと思います。

その後H-LABに携わっていた大学生が牟岐のまちづくりに参加してワークショップで小・中学生に指導するようにもなった。それらの活動で子どもたちが変わっていく様子を目のあたりにして、大人たちもどんどん変わり、まちが盛り上がっていったのですね。ですから「教育」というキーワード、そして学生たちとのワークショップが評価されているんです。

地域でもクリエイティブ職が成立する

——若い人たちの力は大きいですか?

とても大きいと思います。神山町でのBUSの活動の第一弾、商店街の長屋をクリエイターの短期滞在施設(現在はサテライトオフィスとして活用)に改修した「ブルーベアオフィス神山」も大学生とワークショップをしながらつくっていったものです。この様子を見ていたまちの人が興味をもってくれ、だんだんと人の輪が広がり、やがて「神山バレー・サテライトオフィス・コンプレックス」につながり、現在の神山町のサテライトオフィス事業のきっかけにもなりました。

現地での空き家の修繕や家具のデザインはイベントに近くて、まちの人にアピール

ブルーベアオフィス神山（坂東幸輔＋須磨一清／BUS、2010年）
東京藝術大学の大学院生を中心とした有志の学生ボランティアと、地元の大工とで改修工事が行われた

えんがわオフィス（坂東幸輔＋須磨一清＋伊藤暁／BUS、2013年）

し、巻き込んでいくのが大切。それには学生の力がとても大きいですね。僕みたいなおじさんが行ってもそうはいかないのですが、若い子が汗をかいて頑張っていると、とても盛り上がる。ピュアで、一緒に働くまちの人たちの言うことも素直に吸収してくれる彼らの存在が、とても重要です。

若い人に来てもらいたがっている地域も多いので、地域で建築家を育てる仕組みができるんじゃないかと考えているんですよ。いわば地域おこし協力隊の建築家版のようなもの。空き家再生の仕事が多過ぎて地元の設計者だけでは手が足らない、でもお金に直結する話でもないから大きな企業は来てくれない。ですから若い人に来てもらって、スタートアップの援助はまちが出すというものです。

何カ所かの地域から実際に相談を受けているので、僕の事務所と連携して監修する体制を取りながら、徐々に自立していける仕組みにできたらと考えています。

僕のところには、アトリエ系の事務所でこき使われて燃えかすみたいになっている若い人がよく相談に来るんですよ。設計もできてコミュニケーション能力もある優秀な人たちなので、そういう人が東京以外の場所でのびのびと活躍できる場になるのではないかと思っています。

——地域で建築家やデザイナーなどクリエイティブ系の仕事を受注するのは難しい

というイメージがあります。

武蔵野美術大学出身の鴻野祐君という家具デザイナーも、似たような環境で一人前に育っています。彼は大学卒業後、デザイン事務所で修行をせずにすぐに神山に来たのですが、村で唯一の家具デザイナーだったので、なんやかんやと仕事を受注でき「WEEK神山」の家具も手掛けるプロのデザイナーになりました。

最初はとても頼りなかったのに、神山で生活することでコミュニケーション能力や生活力も身につけた。いまでは出羽島プロジェクトでも講師として頼りにしています。

田舎はクリエイターにとってある意味ブルーオーシャンで、立ち上げればそれなりに仕事はある。ただそれだけで食べていくのは難しいから、ほかの小さい仕事をたくさんするなど、ほかのまちの人と同様、なんらかの副業をしながらデザインをするような意識が必要だとは思います。

――昨今、助成金に対して批判的な意見も見受けられますが、どう思われますか?

東洋大で講演したときに「神山はなぜ、そんなに助成金をもらってうまくいくのですか。木下斉さんは、助成金は覚醒剤みたいなものだって言ってました」という質問を受け、困ったことがあります。神山のNPO法人グリーンバレー理事長の大南さんに相談したら、「お金を貰うためにするとねじ曲がってしまうけど、最初からビジョンがあって、そのためにうまく助成金を使っていけば曲がらないと答えてあげてください」と言われましたが、僕もその意見に賛同します。

出羽島では空き家の再生に助成金を使っていますが、自動車が1台もない地域でのオリジナルの改修方法が見つかったり、改修したものをホテルとして使っていくことで雇用を産むことができると思う。将来にわたって島が生きていけるために助成金を入れていくような感覚です。

ハーバード大の影響で、建築を通じて社会貢献をしたいと思った

――地域で仕事をするようになったきっかけは?

僕は東京藝術大学を卒業した後、スキーマ建築計画を経て、ハーバード大学の大学院に入りました。ハーバードの社会貢献をモットーとするべしという教育方針が、い

までも僕の活動に影響していると思います。

修了後にアメリカで就職活動をしようとしたら、ちょうどリーマンショックの影響で全滅し、結婚式では「新郎は現在求職中」と紹介されるなど、恥ずかしい思いをしました（笑）。プロジェクトの手伝いなどをしながら、2年間ほぼ無職の状態が続いた後、藝大の助手になり独立。出身の徳島市に近いこともあり、以前から遊びに行っていた神山町での「ブルーベアオフィス神山」の仕事が初めての仕事になりました。

僕にとってはリーマンショックが大きく人生を変えたできごとだった気がします。ハーバードを出たのに2年間も無職だったというのもありましたが、自分が活動できる地域というフィールドにも出会えたし、BUSの仲間も見つかって、悪いことばかりじゃなかった。

――事務所の経営について教えてください。

2014年の収入は、大学とワークショップと講演会の報酬が多かったです。神山のプロジェクト以降、2015年の春頃から、地域のまちづくりの仕事ばかりが増えていくような時期があって、これはやばいなと思いました。大学で教え始めたのもその理由が大きいですね。まちづくりの仕事はまだ相場が決まっていないので、人件費まで出ないことが多いのです。神山での「ブルーベアオフィス神山」「神山バレー・シェアオフィス・コンプレックス」は、地域のNPOからの仕事だったのでボランティアでやらせてもらいました。「えんがわオフィス」以降は、企業から発注してもらったので設計料をいただいています。

最近はようやく設計の仕事も増えてきて、ほっとしているところです。負担の大きいまちづくりの仕事や講演会などを、少し抑えようかと悩んだ時期もありました。でも僕はハーバードの教育を受けてから建築で人のためになることをしたいと思っていたので、その初心を忘れずオファーがある限りは続けていきたい。神山の合言葉「やったらえんちゃう」を思い出し、やりたいことがあったら口に出す、そしてやっていく。それで金銭的にもなんとかつじまが合っていくのではないかと考えています。

——今後の展望について教えて下さい。

僕は地域でいい建築をつくっていきたいですね。事務所を大きくしたり、公共建築を設計したり、作家性を出したりしたいとは思いません。地域の風景に合った、個性を出し過ぎないけど、存在することでその場の価値を上げるようなクオリティの高い建築。BUSでは、「インフラをつくる」というのをキーワードにしています。クライアントの要求や地域に需要に素直に応えるような、素直な建築をつくっていきたいと思います。

そして、さきほどの話にも出たように、地域と連携して若い建築家が育つ土壌をつくれたらいいですね。

Chapter 3

事業企画

へのアプローチ

INTERVIEW

05

普通のおじちゃんおばちゃんの「なんとかしたい」を叶えたい

嶋田洋平｜らいおん建築事務所

リノベーションはハードではなく、魅力的なソフトをつくり出すことが大事という嶋田さん。「つくる時代」ではなく「使う時代」の設計事務所の業務内容や経営についての考えをお聞きした。

嶋田洋平／Youhei SHIMADA

1976年福岡県生まれ。2001年東京理科大学理工学研究科建築学専攻修士課程修了。2001-08年（株）みかんぐみ。2008年（株）らいおん建築事務所設立。2012年（株）北九州家守舎設立。2013年（株）リノベリング、（株）都電家守舎設立。現在、（株）らいおん建築事務所、（株）リノベリング、（株）北九州家守舎、（株）the cave代表取締役。

地元のビルのリノベを提案したのがまちづくりに携わるきっかけ

――もともと「みかんぐみ」で設計者として活躍されていた嶋田さんが、まちづくりにかかわるようになったのはなぜでしょうか?

僕は福岡県北九州市出身なのですが、みかんぐみに勤めていた2009年末頃、父親から相談にのってほしいと連絡を受けました。世話になっていた知人のビル(「中屋ビル」)が丸ごと空いてしまうので、なんとかならないかと。久しぶりに地元に戻ってみると、かつての中心市街地の商店街には人通りがなく、全国展開のチェーン店ばかりが軒を連ね、まちに魅力がなくなっていた。地域独自のものや、そこに行かないと会えない人がいなくなっていて「わざわざこのまちに買い物に来ないな、僕」と正直に思いましたね。チェーン店は地元に愛着をもたないですから、通行量が下がればすぐに撤退してしまう。そんな商店街は、いつシャッター街になってしまうかわからない、たいへん危険な状態なんです。そこで地元の人たちが小さく商売を始められる場所をつくり、まちの新陳代謝を促そうと提案しました。

具体的には、中屋ビルに若いクリエイターのアトリエ、ショップを集めた複合商業スペースをつくるという案。これが通ったとき、オーナーから「じゃあ任せた」と言われました。そこで初めて僕がテナント付けまでしないといけないことに気がついた。リノベーションって、建物が綺麗になることじゃなくて、実際に入居者が入って、事業がまわり始めないと成立したことにならないのですね。馬場正尊さんのアドバイスで事前に入居者を決めてから設計に掛かろうとしたのですが、スペースを小割りにして家賃を低く設定したことで無事に入居者が決まり「メルカート三番街」として2011年6月にオープンさせることができました。

――ほぼ同時に、同じ北九州市で「リノベーションスクール」が始まりました。

メルカート三番街のプロジェクトを進めていたとき、小倉では2011年2月に清水義次さん■1がプロデュースし、北九州市が掲げた「小倉家守構想」が始まっていました。同じ北九州市での動きということもあり、清水さんにはメルカート三番街についても相談にのっていただいていました。

小倉家守構想のビジョンを実現するために生まれたのが「リノベーションスクール」で、2011年7月に開催された第1回から僕も携わっています。第1回目のリノベーションスクールでの提案はひとつも実現しなかったことから、第2回目では必ず

■1 清水義次(1949年-)
建築、都市、地域再生プロデューサー。(株)アフタヌーンソサエティ代表取締役、3331アーツ千代田代表、一般社団法人公民連携事業機構代表理事。都市生活者の潜在意識の変化に根ざした建築、プロジェクトマネジメント、都市・地域再生プロデュースを行う。

メルカート三番街(らいおん建築事務所、2011年)

実現させようと、「北九州家守舎」を設立させました。

リノベーションスクールとは、3〜4日間の合宿形式で受講生が地域の空き家を使ったリノベーションの事業プランを提案するという実践型のスクールです。

参加者は8名でユニットを組み、そのチームにユニットマスターと呼ぶ専門家が付いてファシリテーションをしながら、一緒に事業計画を考えます。その計画を物件提供をしてくださっている不動産オーナーに提案するという流れです。

空き家をリノベーションしながら活気のあるまちに変えていく手法を、僕らは「リノベーションまちづくり」と呼んでいます。これにはまちの課題を見つけ、どのように変えていきたいかというビジョンが大切です。たとえば北九州市ではかつて栄えていた重工業が衰退し、質のいい雇用が失われ消費が滞り、空き店舗が増加していたことから、空き店舗を使い、若い人たちの雇用を生み出すことをビジョンとしました。

このビジョンを実現するためのプロジェクトを生み出す場がリノベーションスクール、プロジェクトを実践する主体が北九州家守舎のような民間自立型のまちづくり会社です。

——リノベーションスクールはますます規模が大きくなり、全国で開催されるようになりました。

北九州市のリノベーションスクールは2011年7月から2016年5月現在、合計10回開催されており、卒業生は1000人を超え、北九州市内の空き家店舗を20件近く再生し、400人以上の新しい雇用を生み出しました。魚町銀天街では、通行量が3割近く増加しました。

リアルにまちが創生していく様子を見て、国からも注目され、2013年頃から別のまちでも開催され始めました。2016年には仙台、草加、三浦、沼津、豊田、沖縄など計22カ所以上の開催が予定されています。

事業計画や収支・設計料金を設定し、それに沿って設計をする

――らいおん建築事務所を設立するまでの経緯を教えて下さい。

僕は東京理科大学でCAtの小嶋一浩さんに師事し、学生の頃は設計ざんまいの日々を送りました。2011年の卒業後はみかんぐみに就職。当時のアトリエ事務所はどこもハードで、1、2年目は、月に1日も休みがなかったり、週に3日ぐらい

事務所に寝泊まりしているとか、ほんとうに過酷な日々を過ごしました。3年目に先輩方がまとまって辞めてしまい、ボスの下につくチーフの立場になりました。僕の下にスタッフが17、18人ほど付き、10件以上担当していたこともあります。

僕の仕事は広告代理店やディスプレイ会社から受注した商業系の建物の設計が中心でした。2005年の愛知万博トヨタグループ・パビリオン（日本国際博覧会トヨタグループ館）などで、建物を活かすには運営的な側面がより大切だと学んだ経験が既存建物を活かす方法を考える現在の仕事に役立っていると思います。

みかんぐみの最後の仕事は鹿児島のデパートを再生した「マルヤガーデンズ」のプロジェクトでした。この仕事で山崎亮[2]さんと協働したことが彼の問う、縮小する日本社会で「建てること」を仕事にしつづける意味について、考えるきっかけになりました。そしてこの仕事で鹿児島と東京を行ったり来たりしていたため小倉の「メルカート三番街」も同時に進めることができたのです。

――らいおん建築事務所の業務内容や経営について教えて下さい。

僕のところへ相談に来る人は、まちにいる普通のおじちゃん、おばちゃんが大半です。内容は、もっている不動産をどうしたらいいのかわからないので、一緒に考え

■2　山崎 亮（1973年-）
コミュニティデザイナー、ランドスケープデザイナー。（株）studio-L代表。公共空間のデザイン、プログラムデザインやプロジェクトマネジメントに携わる。

てほしいというもの。いままで建築家って、そういうふつうの人たちとかかわることってなかったですよね。僕は商店街の人たちとか、ふつうの人たちの「なんとかしたい」を仕事にしたいと思っています。

具体的には、物件に対して事業や収支の計画を立て、それに沿ったかたちで設計をします。場合によっては他社の設計者や素人がデザインをするので、それに対して技術面でのチェックを行うこともあります。

スタッフは計4名で、設計担当が1名、事業計画の立案担当が2名。うちではモノのデザイン検討にエネルギーを割かないので、設計図を描くスタッフは1名だけです。立案担当の2名はもともとハウスメーカーの営業職だった女性です。彼女たちはハウスメーカー時代の経験から、建築もわかるし収支計画もつくれ、お客さんへの対応も良いのでとても助かるんですね。

計画についてはできるだけスタッフに意見を出してもらうし、決定までのプロセスを大事にしています。これは僕が所属したCAtやみかんぐみの影響かもしれません。

竣工後ではなく、事業の収益から少しずつ得ることで倍の報酬に

——設計料金はどうやって決めていますか?

飲食店やゲストハウスの設計事業では、売上や利益に応じて設計料をいただいています。具体的に「哲学堂マンションKOTONA」の例で説明しましょう。これはオーナーの転居に伴い空室となる3LDKマンションを賃貸用にリノベーションするプロジェクトです。

工事費200万円のうち、オーナーが150万円、入居者が50万円を負担。ただし入居者の家賃12万円を、最初の2年間は10万円に下げ、「2万円×24カ月＝48万円」がキャッシュバックされる仕組みにして入居へのハードルを下げました。

らいおん建築事務所への報酬は、1年目はこの物件が稼ぐ年間家賃120万円のうち、借地料・固定資産税・修繕積立基金・組合費・管理費などの経費月約4万5000円を差し引いた年間67万5000円をコーディネート料として受け取りました。2年目は約半分の36万円にしてオーナーの取り分を増やし、3年目はすべてオーナーの収入となるよう設定しました。この事業計画ではオーナーの初期投資150万円が3年2カ月で回収できます。

一方、らいおん建築事務所は2年間で103万5000円の報酬。これを通常の設計料金で得ようとすると40万円（改修費の20％を想定）となりますから、比較して約2・5倍の金額を得ることができます。

「リノベーションスクール＠都電」最終プレゼンテーションの様子

哲学堂マンションKOTONA（らいおん建築事務所、2015年）

――なぜおよそ2・5倍もの報酬を得ることに賛同を得られるのでしょうか?

それはキャッシュポイントを変えているからですね。設計時に設計料金をいただくのではなく、事業がまわり始めてから、その収益のなかから報酬を受け取りますから、設計者もリスクを負う分オーナーのリスクが低くなるため、報酬が高くなっても賛同を得やすいのです。このモデルを確立しようと、いま弁護士と契約書のフォーマットづくりを頑張っています。

また関係者全員がコストの低減・事業の成功という同じ目標を向いていると、皆が共同事業者のようないい雰囲気になって、とても仕事がしやすくなるんですよ。クライアントワークだと、どうしてもクレームが発生しやすいし、タイトなスケジュールにも合わせないとならないので精神的にもつらい。この方法は精神的にもいいし、皆にオススメしたいですね。

――設計だけの受注はあえて受けないというスタンスですね。

人口減少時代にはあらゆる建築が、作品ではなく不動産として扱われてしまう時代だと思います。自分が設計する建物が不動産として扱われることを前提に仕事をしないといけない。そして建築家自身も建物を不動産的な視点で見る訓練をして、収支のバランスが取れた事業内容を、設計料金も含めて提案できたほうがいい。そして場合によっては倫理観をもって、建てないほうがいいという提案もするべき。それができないと建築家が信頼を勝ち得ることはできません。

それ以前に、そもそも日本ではクライアントが減っているので、建築家も自分たちで仕事をつくり出していく必要があるとも考えています。らいおん建築事務所でも、マンションの1室を転貸して収入を得るなど、実際に投資をする小さなリノベーションプロジェクトをいくつか行っています。

僕はらいおん建築事務所のほかに、北九州家守舎、都電家守舎、リノベーションスクール運営会社のリノベリング、the caveという五つの株式会社に所属しているのですが、それぞれの会社でも500万、1000万、場合によっては数千万円という投資をして、それを回収するという仕組みで収入を得ています。

——建築家にとっては厳しい時代ですね。

いま盛り上がっているリノベーションというのは、ハードではなく、いかに魅力的なソフトをつくり出すかが大事。「つくる時代」ではなく「使う時代」の仕事なんですね。

ですから逆に、建築家の仕事は可能性に満ちていると思っています。新築の設計を仕事にしようと思うとパイは小さくなっていくばかりですが、それにこだわらず、建築の周辺までも仕事だととらえた時点で、仕事の幅はものすごく広がる。これまでの日本であれば、飲食店も1回失敗してしまうとダメージが大きかったのですが、リノベーションで小さな元手で始めれば、失敗しても何度でもチャレンジできる。店づくりなどいろんな事業を建築を通して実践でき、それがまちや社会のためにもなる。こんなに楽しい仕事はないと思います。

INTERVIEW

06

文化的価値だけでなく収益性も高い建築を提供することで、都市の風景を変えていく

林 厚見・宮部浩幸｜SPEAC

不動産と建築の開発・企画・設計事業や「東京R不動産」の運営・仲介事業、「R不動産toolbox」や宿泊施設の運営など、幅広く事業を展開するSPEAC。その理念や手法はどのようなものだろうか。

宮部浩幸／Hiroyuki MIYABE
1972年千葉県生まれ。1997年東京大学大学院建築学専攻修了。1997-99年北川原温建築都市研究所、1999-2007年東京大学建築学科助手（大学のキャンパス計画室兼務）、2005-06年リスボン工科大学客員研究員。2007年（株）スピークにパートナーとして参画。2008年博士（工学）取得。現在、（株）スピーク取締役、近畿大学准教授。

林 厚見／Atsumi HAYASHI
1971年東京都生まれ。1997年東京大学大学院建築学専攻修了。1997年マッキンゼー・アンド・カンパニー（経営コンサルティング会社）入社。2000-01年コロンビア大学留学、同大学建築大学院不動産開発科修了。2001年より（株）スペースデザイン（不動産ディベロッパー）。2004年（株）スピーク共同設立。現在、（株）スピーク共同代表。

クリエイティビティを発揮し、美しく、かつ収益性の高い建築をつくる

——SPEACは不動産と建築の開発・企画・設計事業や「東京R不動産」の物件仲介やメディア事業、「R不動産toolbox」や宿泊施設の運営など、幅広く事業を展開されています。建築・不動産の企画・設計について、その特徴を教えてください。

林　僕らはデザインという行為を広くとらえていて、形態にかかわるデザインだけでなく、ビジネスのデザインも同時に行います。ファッションや飲食の世界ではビジネスと意匠が一緒に議論されることは普通なのですが、建築の世界、あるいは建築家の世界はそれがほとんどありません。そのことが建築のもつ影響力を阻む面があるという問題意識がありました。

依頼の多くは賃貸集合住宅や古ビルのコンバージョンなど、いわゆる事業用の不動産です。企画のプレゼンをつくるときには、コンセプト、ターゲット、建築デザインとボリューム、集客の方法、プロモーション、値付けまで、クライアント事業者の稟議書の内容をすべて盛り込むようなかたちでつくります。デザインだけのプレゼンだと、事業者はそこから改めて収益性の検証を始めないといけないわけですが、われわれは、事業としての成果をどう着地させ、そのためになにをなぜ行うのか、とい

う一貫したプロジェクトの戦略・ストーリーをつくります。

――実際のプロセスを教えてください。

林　最初にプロジェクトの前提・文脈と場所のマーケットニーズの把握により基本的なプロジェクトの方向づけを行います。建替えかリノベか、用途はなにがよいかといったことを、事業主にとっての意味もファイナンスも含めて考えていきます。事業面について言えば、たとえば古い戸建てに住むクライアントから相談を受けた場合に、相続を視野に入れて土地をふたつに分けて考えておくとか、一部を売却して建替え資金にあてつつ、残す土地に建てるものとの環境的な連続性を担保する仕掛けを設定しましょう、という提案になったりするイメージです。このときに建築的なイメージについても想像力を膨らませ、同時に考えるというスタンスが大事です。大きなシナリオが決まれば、まちになじみ、あるいは文化的にも新しい価値を生むような建物を、事業価値を最大化するというミッションを外さぬようにプランニングしていきます。

また建築はできてからが大事であり、われわれは管理運営のあり方についても新しいアイデアを検討します。シェアや宿泊、あるいは新しい商業のコンセプトやカタチ等も視野に入れて計画していきます。そして竣工前になると、「東京R不動産」のサイトなどを活かしながら、リーシング、つまり実際に住む人・使う人の集客を行います。その過程で、人々から空間がどう評価されるかを感じることができます。その仕事を日々しているからこそ、賃貸不動産としての「答」に正しく近づいていけるし、説得力ももち得るというわけです。

宮部　「the SCAPE」は、僕らがリノベーションした賃貸集合住宅です。もともとは隈研吾さんが設計したサービス付き集合住宅、次に事業者が代わり成瀬・猪熊建築設計事務所がリノベーションし、シェアオフィスとして使われていました。ビルオーナーが代わったことと、この物件の近辺にシェアオフィスが増えてきたことから、新しい活用の方法を相談されました。

初期の集合住宅と2段階目のシェアオフィスは、坪あたりの単価が1万7000円程度。近隣の一般相場よりやや高めといったところです（136頁表参照）。初期から2段階目に移行したのは、専有面積が小さいほど賃料単価を得やすい、つまり部屋が小さいほど割高にしやすいという特徴をより活かしたものだったと思います。ただ、ライバルが増えて先行きが怪しくなってしまった。

そこで僕らはマーケットの状況を分析し高級賃貸相場へシフトすることを提案しました。シェアオフィスから、外国の要人や企業のトップが借りるような高級賃貸

the SCAPE（SPEAC、2015年）

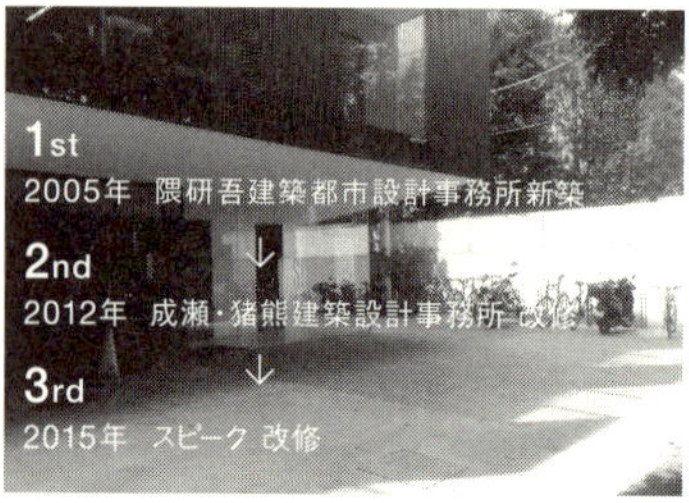

the SCAPEの建物のリノベーション設計者の変遷

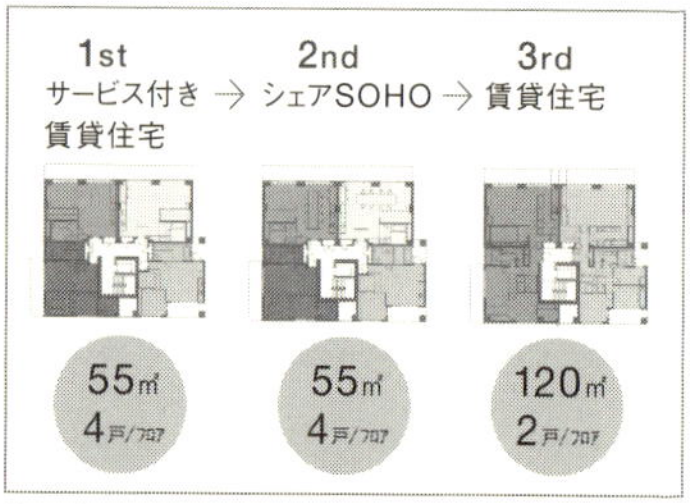

住戸割りの変遷（基準階の比較）

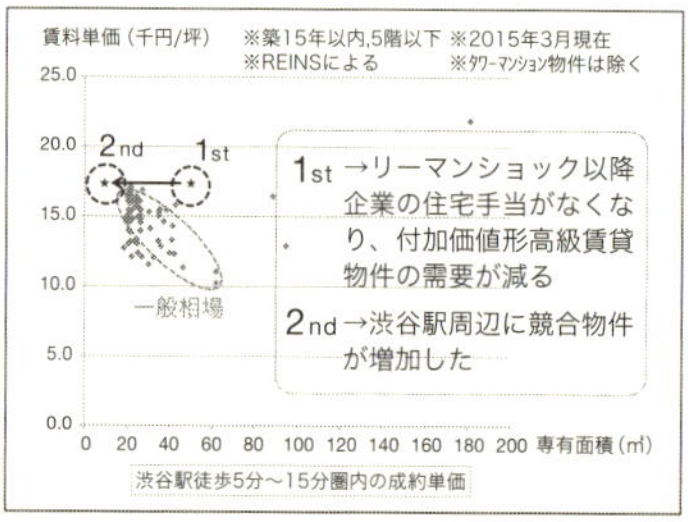

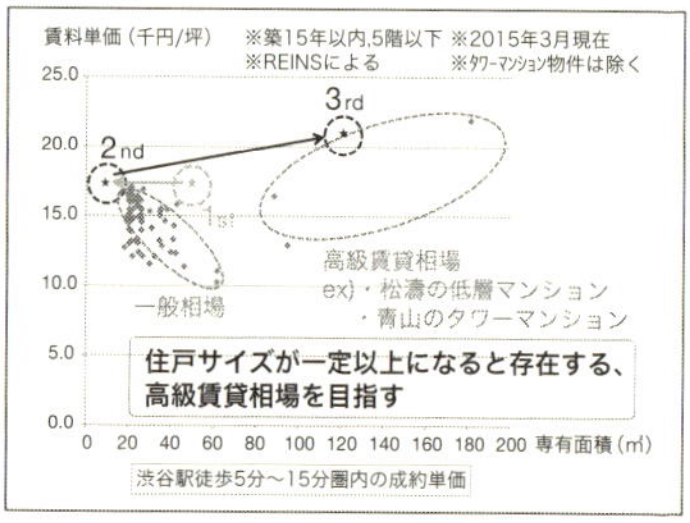

マーケットポジションの変遷イメージ

マンションへのリノベーションです。もともとの隈研吾さんのデザインがそうした層のお客様に好まれそうな綺麗さをもっていましたから、そのポテンシャルを活かした提案です。

——企画と設計の両方を手掛けることで実現するものはなんでしょうか？

林　意匠として創造的なアイデアも、事業としての期待成果が高い企画になっていなければ実現されません。一方、クリエイティビティは低いけれど、儲かりそうなものは実現されやすい。われわれはあくまで創造性と事業性が矛盾なく両立するような答えを追求することで、結果的に実現性も高まり、それはひいては世のなかにポジティブな影響を与えることができると考えています。

都市においてはディベロッパーが建てる事業用のビルやマンションがかなりの割合いを占めて風景をつくっています。建築やまちをつくる者としては、そこから逃げてはいけないと思うのです。だからこそ賃貸不動産で経済的にも文化的にも価値の高いものを提供できれば、都市のデザインに加担していくことができる。そのためには建物の経済価値を上下させるファクターを肌感覚としてもっている必要があるのです。

宮部　古い建物も事業性を確保できれば残すことができます。古い建物は建築の専門家でも価値を見い出せずにすぐに壊すという話になってしまいがちですが、見立てができる専門家であれば木肌の色や味、光の入り方などを見て価値を判断できます。そして昭和風情の古い建物に住みたいと思う人も少なからず確実に存在するから、そこに供給できれば事業は成立します。「龍宮城アパートメント」の企画もそのような考え方で立てました。

建築家によって事業が破綻しているものが多く建てられている現象に危機感を感じた

——SPEACを立ち上げるまでの経緯を教えてください。

林　SPEACの企画・設計の仕事は、吉里裕也と宮部と僕の3人が中心となって活動をしています。僕は大学にいた頃は典型的な建築学生でしたが、スター建築家になれるほどの才能はないと修士の頃に気づいてしまった。それと同時に世のなかに建っている建物は、どうしてつまらないビルやマンションばかりなのだろうと疑問に思い、資本主義の構造をきちんと勉強しつつ、事業をつくり出す方法を身につけよ

竜宮城アパートメント(SPEAC、2016年)

うと、経営戦略コンサルティング会社に就職し、数年間は建築と関係なくいろいろな業種の大企業の作戦を練るような仕事をしていました。

その後、やはり空間づくりにかかわりたいとコロンビア大学の不動産開発科に留学、アメリカ型のクリエイティブなディベロッパーの職能を知り、それを目指すというビジョンが生まれました。帰国後、国内で個性的な開発事業をしていたディベロッパーに入り、そこでいまのパートナーの吉里と出会いました。彼も建築を学んだ後、建築家が社会とどういう接点をもち、役立っていけばいいかと悩んだ結果、ディベロッパーに就職した人間です。彼と意気投合し、不動産ビジネスと空間デザインの融合をテーマに、一緒に不動産の企画会社をつくることにしたんです。その少し前に始まった東京R不動産もSPEACのなかの仕事として2004年以降、本格的に事業化していきました。

2000年代前半にデザイナーズマンションという言葉が流行りましたが、有名建築家が設計したものでも、その場所のニーズに合っていないものや、コストを掛け過ぎて事業計画として破綻しているものが多く建てられていました。僕らとしてはそうした状況にも問題意識を感じ、新しいチームのあり方が必要だと思ったのです。

実際に起業してみると「企画」とか「ディレクション」というような仕事はなか

なかなかビジネスになりにくく苦労しました。設計をするとか、客を集める（＝仲介業）というわかりやすい成果がないと難しいなと。また、外部の設計者との協働ではスピードや考え方の共有に課題が残る部分もあり、インハウスの設計者として宮部に声を掛けました。

宮部　僕はいわゆる設計者のキャリアですね。東大卒業後に北川原温さんのアトリエに就職した後、助手として大学に戻り、本郷キャンパスの改修計画に携わりました。その後、博士論文のためリスボン工科大学に留学し、修道院や城など古建築のリノベーション事例を研究。帰国した頃、同級生の林からSPEACに誘われたのです。

——2010年から、toolboxというサービスも始められました。

林　ひとつひとつの空間をつくっていく企画・設計の仕事と、空間と人をつないでいくための仕組みとしての東京R不動産に加えて、僕らがよいと思うような空間を「つくるための仕組み」が必要だと思って始めました。背景には、空間づくりの主導権・編集権がユーザーに移行する流れがあること、職人とデザイナーのあいだ、リノベーションと模様替えのあいだ、建築と家具のあいだ、といった領域に光をあてることが求められていると思ったことがあります。また大きなメーカーがつくる内装のパーツや素材に魅力的なものが少ないと感じていたことも関係しています。

toolboxはクラフトマンたちの商店街のようなマーケットプレイスをイメージした、少量多品種で手触り感のあるパーツや、職人によるミニ工事サービス、DIYのための素材などを気軽に注文できるサイトです。当初はセレクトショップの業態でしたが、現在はキッチンをオリジナルで開発するなどメーカー業にも範囲を広げていて、今後は職人や工務店のプラットフォームとして進化させていきます。

ファッションブランドと同様、建築でもデザイナーとプロデューサーが組めばいい

——事務所の経営について教えてください。

宮部 SPEACは現在、設計6名、不動産仲介10名（東京R不動産）、toolbox 10名強の総勢30名弱の組織です。設計関連業務における3人のパートナー（役員）の役割は、林と吉里が事業の企画や運営を統括し、僕は設計を統括する立場です。僕はビジネス面についても議論に加わりますが、おもな役割としては建築家としての立ち位置です。プロデューサーと一緒のチームでデザインをすることはおもしろいし、

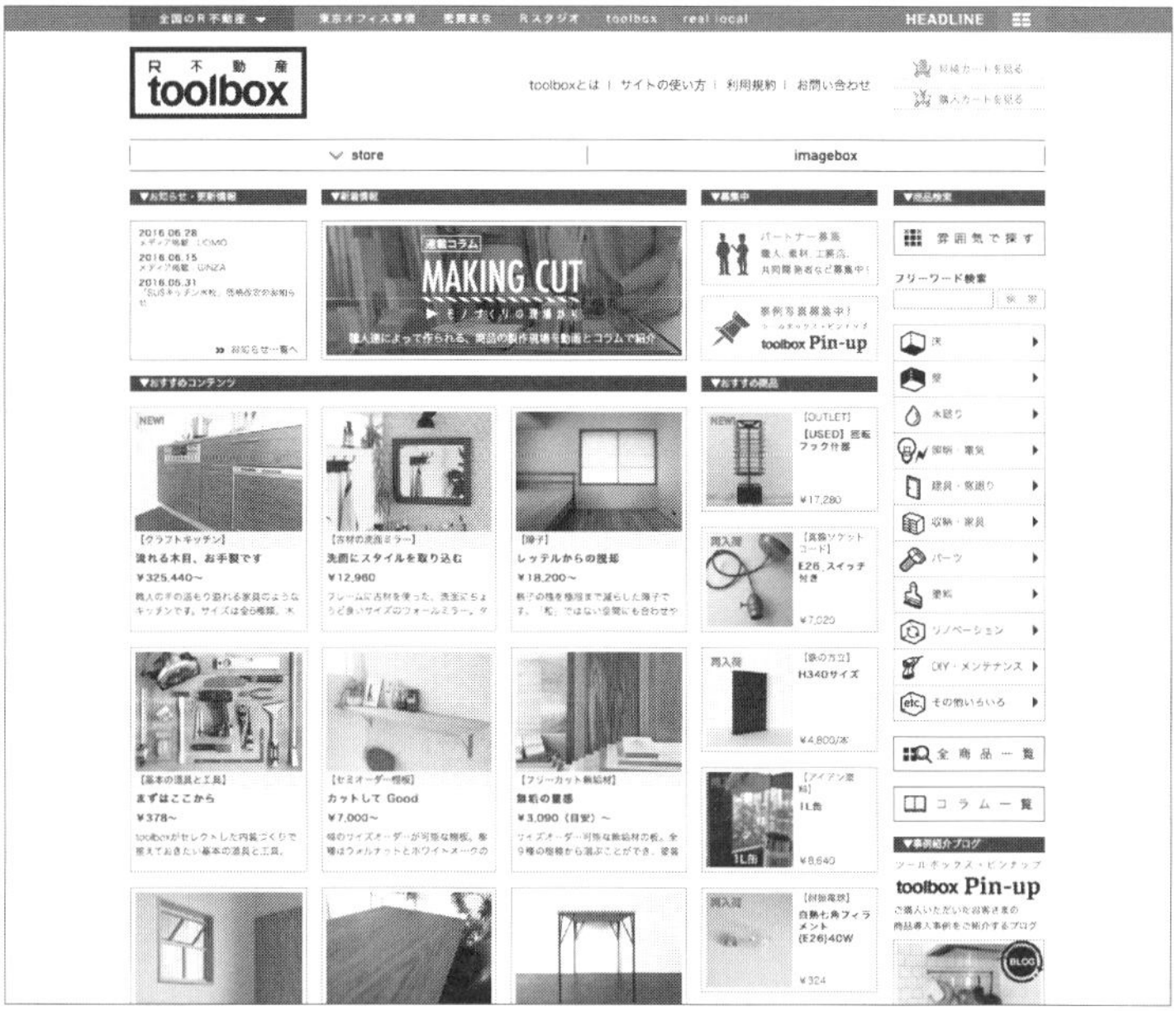

「R不動産 toolbox」ウェブサイト

SPEAC役員。左より吉里裕也、宮部浩幸、林 厚見

結果的に機会も成果も大きくしていけるのです。

林　いまはどの分野のクリエイターにも、マーケティング能力が求められています。デザインがフィジカルな部分だけで完結することは少なく、ウェブの世界でも、プランナーとデザイナーとエンジニアが組んだり、ひとりがそのいくつかを兼ねていたりもします。自分たちと規模は比較になりませんが、N・フォスター[1]の設計事務所などもそうした組織形態を取っています。

また、ひたすら受注を待つという日本の建築家のスタイルは、今後はさらに厳しくなるでしょう。ルイス・バラガン[2]もディベロッパーだったという話は有名ですが、ニューヨークでは自ら不動産を購入して自分のデザインで価値を上げ、貸したり売ったりして利益を得るデザイナーがけっこういました。そうして自ら機会をつくり出すこと、そしてマーケットにも対峙していくこと。今後は建築家もそうしたスタンスをもつことが意味をもつと思うし、ひとつの生き残る術ではないでしょうか。

——設計料はどのように設定していますか？

林　特徴的なことと言うと、賃貸の物件であれば成果連動報酬にすることがしばしばあります。たとえば設計料が500万円程度の案件であれば、400万円をミ

庭園を多く設計した。また郊外住宅地の都市計画・販売も手掛け成功を収めた。代表作に「バラガン邸」（1948年、メキシコ・シティ）「ヒラルディ邸」（1977年、メキシコ・シティ）、「サテライト・タワー」（1958年、ナウカルパン）。1980年プリツカー賞受賞。

ニマムとして設定し、あとは完成後の「利回り」によって変動するかたちにし、最大で200万を追加する、といったイメージです。建築費を分母とし、分子を竣工3カ月後の賃料合計としたりするのですが、そうすれば僕らはコストを下げながら、人気のある物件にしようと努力をするわけです。クライアントと「同じ船に乗る」ことは誠実な態度だと思っています。

――今後の展望について教えてください。

林　単体の建築や内装を対象とする仕事から、徐々にスケールを上げていこうと考えています。テーマとしては、都市経営と空間デザインの融合による都市のデザインです。僕らがかつて、不動産事業と空間デザインが分断されていると考えたように、都市や自治体の経営、持続性のマネジメントと空間デザインのあいだには、まだ埋められていない溝があるはずです。いわゆる「リノベーションまちづくり」のような「点」を打っていくプロセスも意味がありますが、公的機関ともかかわりながら「面」や制度にコミットしていく仕事も考えていきたいと思っています。

■1　ノーマン・ロバート・フォスター（Norman Robert Foster、Baron Foster of Thames Bank、1935年-）
イギリス・マンチェスター出身の建築家。Foster＋Partners主宰。代表作に「香港上海銀行・香港本店ビル」（1985年、中国・香港）、「セント・メリー・アクス30番地（スイス・リ本社ビル）」（2004年、イギリス・ロンドン）など。1999年プリツカー賞受賞。

■2　ルイス・バラガン・モルフィン（Luis Barragan Morfin、1902-88年）
メキシコの建築家、都市計画家。モダニズムと地方主義の両方を併せもつ、水面や光を大胆に取り入れた明るい色の壁面が特徴的な住宅や、

Chapter 4

不動産

へのアプローチ

INTERVIEW

07

一番大切なのは、大家さん自身をリノベーションすること

大島芳彦｜ブルースタジオ

日本のリノベーションマーケットの先端を走り抜いてきた大島さん。建物ではなく物語をつくるという手法で数々の物件を再生してきた。今後は住まい方や働き方までデザインすることで、よりよい暮らしを実現していきたいという。

大島芳彦／Yoshihiko OOS
1970年東京都生まれ。199
美術大学造形学部建築学科
-97年米国Southern Califo
Institute of Architecture
2000年（株）石本建築事務所
（株）ブルースタジオに参画
ルースタジオ専務取締役、（一社）リ
ション住宅推進協議会理事副会
社）HEAD研究会理事、（株）リノベ
取締役。

古家を手直しして住みこなすのが好きな学生だった

――武蔵野美術大学では、どのような学生生活を送られていましたか?

僕は高校時代、美術大学に行って彫刻を学びたいと思ってたんですよ。子どもの頃からものづくりとか絵を描いたりするのが好きでした。でも、父親はそれをあまり良くは思っていなかった。父親は1960年代後半から貸しビル業を営んでおり、僕が生まれた頃から中学生くらいまでのあいだに複数の建物を建てていた。その影響もあって、彫刻の拡大解釈として建築を学ぼうと思い、武蔵野美術大学の建築学科に進んだんです。ただ、進学しても僕はやっぱりファインアートの世界に憧れていました。学校とは別に創作活動も行って、建築のようなクライアントワークは自己表現として不純だ、なんて考えてた。

大学1年生のときに家を出て同級生3人と立川のくたびれた木造の米軍ハウスを借りて住み始めました。その家のオーナーはハウスを同じ敷地に4棟もっていて、すべて武蔵美の学生が借りていました。油絵、グラフィック、プロダクト、そして僕ら建築学科の学生。すきま風や雨漏りを手直ししたり、塗り直したり。庭でバーベキューをしたりして暮らしていて。まるでヒッピーのコミューンみたいでした。いまブルースタジオ代表の大地山もそのとき一緒に住んでいた仲間なんですよ。

僕が大学1年だった1988年は、まだバブルの最中だったし、美大に行く学生は余裕のある家庭の子どもが多かったから、とくにデザイン系の学生は新築のワンルームマンションや新築ロフト付きアパートみたいな小綺麗なところに住んでいた。でも地方から上京した油絵や彫刻のファインアート系の学生は、西武線沿線あたりのボロくて風呂なしだったりするけれども広々とした木造戸建ての都営住宅とかに手を入れて、かっこよく住みこなしていました。そんな住まい方に憧れて、僕もやってみたくなっていた頃に先輩が米軍ハウスを譲ってくれたんです。米軍ハウスを出た後も取り壊し予定の古い木造アパートを探してきては、塗ったり切ったり剥がしたり、自分で可能な範囲で家をいじって暮らしていました。取り壊すまでの半年とか1年だから家賃は安くて敷金もいらないし、原状回復もしなくていいという条件で。だからしょっちゅう引っ越しをしていて、学生時代は計4回も引っ越したんですよ。

――DIYでリノベーションされていたというのは、現在のお仕事に通じていますね。建築には興味をもっていなかったのでしょうか？

僕は学生の頃はろくに学校に行かず、国内や外国をフラフラと一人旅ばかりしてました。ただ旅の関心事は現地の人々の日常生活。できるだけその場所の生活者と同じ目線になってみたいと思うから、ほぼ手ぶらで出掛けて、かばんから下着や着替え、石けんなど生活必需品をすべて旅先のマーケットで揃えたりして旅していました。建築と生活が僕のなかで一緒になっていなかったんですよね。学生時代、建築めぐりのような旅はほとんどしませんでした。ただ2度目の3年生のあたりからやっと建築が面白くなってきた。竹山実先生のゼミに入ってからですね。僕の世界中の日常生活に対する好奇心と建築の世界を先生がつないでくれたんです。

卒業後は竹山先生のすすめもあってアメリカのカリフォルニアにある、〝Southern California Institute of Architecture〟(SCI-Arc)に留学しました。ちょうど当時は、フォルマリステックなデコンストラクションの建築が流行っていて、SCI-Arcではその世界の最先端の建築家たちが教鞭を執っていましたし、最先端のコンピュータグラフィックスも学ぶことができました。

帰国後の就職活動は建築設計職に関しては大手ゼネコンと組織事務所だけ。あとはCGのスキルとバーチャルな建築への関心もあったので大手のゲーム会社の入社試験も受けたんですよ。アトリエ事務所には行きたくなかった。というのは留学を終えて帰国後にはすでに28歳になっていたから、そこから修行をしてモラトリアムみたいな生活をまた数年続けるわけにはいかないと思ったのです。

最終的に組織事務所の石本建築事務所に入社しましたが、そこでは外国帰りということもあり、海外のプロジェクトに参加するチームに配属されました。ミラノ工科大学のキャンパス移転計画にも携わり、イタリアと日本を行き来していた時期も。ほかにも公共建築のプロポーザルに参加したり、個人ではあり得ない夢のような大きなプロジェクトにかかわることができました。ただ一方で、バブル崩壊後からまだ抜け出せていなかった不動産不況や1997年の京都議定書あたりから高まりつつあったCo^{2}削減などの環境問題や人口減少などの社会問題の浮上もあいまって、建築を取り巻く業界の先行きの見えにくさに漠然とした不安も覚えていました。

リノベーションが事業化したのは社会の仕組みの変化が大きい

——石本に就職後、3年ほどで独立されました。そのきっかけはなんだったのでしょうか?

就職後ほどなくして父が体調を崩し実家の不動産賃貸業の手伝いをする必要が出てきた。それまでは賃貸管理業そのものに興味をもったこともなかったし、父親から職業として継ぐように言われたこともなかった。というのは、高度経済成長期の都市部の不動産賃貸業は、「不労所得」などと言われるほど売り手市場の業界で、父も僕に男一生の仕事として取り組む必要なしとよく言っていました。しかしバブル経済崩壊後不動産不況がつづき、その頃いざ賃貸業の蓋を開けてみると、事業は問題が山積みの状況に陥っていました。築後30年以上を経た建物にとくに大きな手を入れずそのまま貸していたため家賃は下がり、家賃の滞納者が増えるなどお客さんの質も低下していた。なんとか計画的に改善策を講じていかないと、経営の先行きは不安な状態でした。

当時の社会経済情勢は、不動産不良債権問題に端を発するバブル崩壊後のいわゆる「失われた10年」と言われる低迷した時代。国内の不良債権問題の解決をするために外資の不動産投資に対する優遇策が打ち出されたり、不動産金融系企業の活動が活発になるなど、従来の不動産の枠組みを越えた不動産の活用、運用の方法が次々と生まれている時代でした。「ストックからフローへ」とか「キャピタルゲインからインカムゲインへ」などとそれまでの土地値至上主義だった不動産の価値基準が、上物《うわもの》（建築物）の収益性という価値基準に大きくシフトチェンジしようとしていたんです。そのような流れを見て、社会の仕組みの変化に合わせて僕の建築家としての仕事も新しくやるべきことがあるように感じていました。

また当時30歳になった僕のまわりでは友人たちが家を建てたり購入することが多くなり、自分の目も自然とそちらに向かったのですが、そのときに選べる住宅、住環境の選択肢の少なさ、つまらなさに気がついた。それは業界も生活者も理想の暮らしを「建築」に求め過ぎていることに理由があるんじゃないかと。大学時代の同級生で当時すでにグラフィックデザイナーとして独立し、広告制作の会社としてブルースタジオを立ち上げていた大地山とはよく建築を越えた広義の「暮らしのデザイン」の話をしていて、そんな流れから僕らは合流したわけです。

――ブルースタジオで大島さんたちが起こした事業について教えて下さい。

僕がブルースタジオに合流した当時、父が所有していた築約30年のファミリー向け賃貸マンションの1部屋をまず最初にデザインし、リノベーションしました。約150万円のコストを掛け、DIYのようなこともし、プロモーション用の広告写真も自分たちで撮り、8万円台まで下がっていた家賃を12万円まで押し戻すことに成功したのです。そしてこれぞリノベーション事業(Re*innovationと綴っていた)としてパンフレットも作成し都心の管理会社数社に営業にまわりました。ただ当時150万円とはいえ築古賃貸住宅にこういう高い金額を掛けてバリューアップを図るという感覚は巷の不動産管理会社やオーナーの理解を得られず、事業はまったく拡大できませんでした。

そんな僕らの感覚を理解するクライアントが現れ始めたのは2001年のJ-REITの市場創設以降です。僕らは資産価値の向上のためのデザインをする訳ですから、ブルースタジオHPで「アセットマネジメント」としてのデザインが僕らのサービスであると謳ったところ、ファンドマネジメントの会社、人から少しずつ仕事を発注されるようになった。初期の頃、僕らは外国人投資家たちからコンパクトマンションの再販ファンド（私募ファンド）の仕入れから設計、広告、販売仲介までを一貫して任されることになりました。たとえば都心の月並みなワンルームマンションを500万円くらいで購入し、300万円を掛けてしっかりとデザインを施しリノベーションして、1000万前後の金額で再販するといったスキームです。いまでは考えられないような安い金額で個性的な「デザイナーズマンション」が購入できるというウリです。その中古マンション再販ファンドは資金1億円程度でしたから、リノベ物件を短期間に一定量生産しなければならず、まだ2~3人で仕事をしていた僕らは社外の仲間たちに声を掛けて一緒にこれに取り組んだのです。長坂常さんにも声を掛けて手伝ってもらいました。

こうして僕らは不動産オーナーや管理会社ではなく投資家たち、つまり金融系の人々がきっかけで「原状回復程度」ではなくしっかりとしたリノベーション工事でバリューアップを図るビジネスモデルの実績を積むことができたのです。その後もファンド系のクライアントの仕事は増えました。しかし2008年にリーマンショックが起き、僕らの多くのクライアントは業界から撤退を余儀なくされてしまいました。

一見ピンチのようですが、リーマンショックはじつは僕たちにとって、短期でバリューアップ効果を期待するファンドや投資家ではなく、個人の資産家や自己保有不動産の有効活用を図る企業から、それらの長期に渡る活用のコンサルティングや設計の仕事を多くいただくようになったきっかけでもあるのです。彼らからの仕事が増えた要因のひとつに2006年から施行された減損会計の導入があります。それはバブルの頃に付いていた実体のない高額簿価の資産をきちんと減損して、売却なり有効活用をさせる意図で制定されました。ただし2006年頃はファンドバブル全盛期で不動産価格も高値を付けていたので、減損会計と言っても有効活用よりも売却という手段が一般的でした。しかしリーマンショックで不動産価格（土地値）が一気に下落すると、長期保有を前提に不動産を所有している個人や企業がようやく不動産活用に本腰を入れ始めたのです。

この流れがあって、ようやく僕らはほんとうにやりたいことができるようになりました。つまりファンドはリノベーションの実績を積ませてはくれたけれども、家賃が高くなり、キャッシュフローが高騰したら売却して儲けて終わりで、将来のまちの価値まで言及できるようなクライアントはいませんでした。ファンドが程よく退場してくれて、僕らは多くの実績を引っ提げて、ようやく真の不動産の所有者と直接つながれるようになった。このタイミングでなかったら、いまのブルースタジオはなかったと思います。

建築家が住み手の立場に立った「暮らしのデザイン」の編集者になればいい

——ブルースタジオの具体的な業務内容について教えて下さい。

ブルースタジオでは設計、コンサルもB to Cの一般個人客（Consumer）向けとB to Bの事業者（Business）向けに大きくふたつに部門を分けており、それぞれに不動産の専門スタッフがいます。社員の数は現在総勢で36人です。

B to C部門では、中古不動産探しに始まり設計から引き渡しまでをワンストップで、暮らしのデザインのカスタマイズをサポートする仕事を柱に「TOKYO STANDARD」というリノベーションの定額制パッケージ商品も提供しています。

ＢｔｏＢ部門では、賃貸不動産の運営や管理、あるいは買い取り再販などさまざまな不動産事業を展開する企業や個人に企画提案型の設計やビジネスコンサル、そして販売、仲介、プロモーションを行う事業を行っています。Ｂ部門では必ず市場調査（マーケティング）から入り、建築以外の手段も含めた商品価値最大化のソリューション設計を行っています。

ブランディングの仕事は建築、不動産以外にも企業そのもののブランディングや建材系メーカーの新製品のブランディングも手掛けています。

――一般個人客の土地探しや、住宅ローンの相談までされるのですね。

そうですね。本来、住宅の購入や賃貸には買い手借り手の立場に立った暮らしの専門家がもっと必要だと思っています。しかしたとえば現在の日本の不動産仲介業界の仕組み（売り手と買い手の両方から仲介手数料をもらえる制度）では、業者はどうしても物件情報をもつ立場、つまり売り手貸し手側に立って仕事をすることが一般的になってしまっています。生活者に優しくない業界なんです。そんななか、完全に住まい手側の立場に立って暮らしのデザインを考えることができるのは意外と建築家なんじゃないかと僕は考えています。

また現在の建築と不動産の世界は、多様な業種がかかわり、各々が高度に専門化されているにもかかわらず、業種間相互の対話が希薄です。ビジネスの対象物は「物件」という共通の言葉で言い表され、あたかも同じものを見ているかのようでありながら、じつのところは自分たちの世界だけで通じる言葉でそれを取り扱っています。これはいわばモノリンガルな世界と言え、建築と不動産の世界で付加価値が最大化されない大きな要因となっています。この状況を改め、ある業種に属するプロがその業界の言葉をネイティブ言語として確立したうえで、他業界の言葉を理解、活用する努力をし「物件」についての理解を深める。つまりマルチリンガルな才能をもつ人間が各業界に生まれれば建築、不動産の社会的な価値は飛躍的に高まるでしょう。建築家も然りです。不動産や金融の言葉を理解することによって、もっとビジネスチャンスを広げられるはずだと思います。たとえば建築家が金融の言葉で自分の作品を語れたとしたら。窓の話を施主とするのにも、その形状が既製品の窓を使うよりも投資利回りで0・5%向上するのでこうしよう、とか言えたらお互いにハッピーだったりするんです。同じことを伝えるにも、それを空間性の話やアカデミックな話だけで説明しようとしてしまうから実現できなかったりする。違うロジックで説明したらいいんです。そのためにも重要なことは、自分のネイティブ言語がなんなのか、はっきりと自覚しておくことですね。そうでないとブ

青豆ハウス(ブルースタジオ、2014年)

ホシノタニ団地(ブルースタジオ+小田急建設、2015年)

SodaCCo（ブルースタジオ、2015年）

レてしまいますから。

住み方や働き方の仕組みまでデザインしていきたい

——選べる壁紙で有名になったロイヤルアネックスの青木純さんがクライアントの「青豆ハウス」、小田急電鉄との「ホシノタニ団地」や燃料販売の企業との「SodaCo」などで、コミュニティのデザインまでされましたが、成功させる秘訣を教えてください。

いちばん大切なことは、クライアントである大家さん自身のマインドリノベーションです。自身が所有し、住人に対して提供しようとする生活環境にビジョンをもってもらうということ。建築はその目的を達成するための手段でしかありません。大家さん自身にこの感覚が芽生えなかったら、いくらいいコンセプトや建築物を建築家が提供しても、大家はそれを運営、発展させることはできませんし、さらに住人にもコンセプトは伝わらず、ただ空間は消費されていってしまうのです。オーナーはその不動産、建物の経営者なわけですから、自分ごとだと思ってもらうことは当然。さらにコンセプトやビジョンも自分でつくったものと感じてもらうくらいでないとつづかない。

建築家だけが難解なコンセプトやビジョンをつくり、理解していてもしょうがないんです。そもそも建築家は体も命も金も張ってないしね。建築家の立場というものは建築だけを語っていたのでは説得力がないのです。わかりやすく大家さんに伝え、共感してもらう努力をしなければいけない。わかりやすいビジョンが生む「共感の環」は大家の口からさらに入居者も含めた共感となり、成長するコミュニティが育まれていくのです。

――今後の展望について教えてください。

僕らは建物ではなく、物語をデザインしたいと考えています。建物というのは単なる暮らしの器で、広義の暮らしのなかのほんの一部の要素でしかない。むしろその建物を手に入れるまでのプロセスや総合的な暮らしのデザインのほうが当事者にとっては大切なことなのです。

たとえばいま考えているのは、大都市郊外の戸建て住宅団地で高齢者福祉と児童福祉、それから相続の問題をいっしょに解決する仕組みのデザインです。現在、大都市郊外の戸建て住宅団地に暮らしているのは、高度経済成長期やバブルの頃に家を購入した団塊世代の人々が中心です。30代を中心とするその子世代は残念ながら所得水準が低迷し、育児を躊躇せざるを得ない状況が少子化に拍車を掛けたりしています。しかし一方で、この世代は多様なクオリティーオブライフを柔軟に受け入れられる世代でもある。

そこで彼らに郊外の実家に戻り、二世帯リノベーションをして暮らすスタイルを根付かせたいと思っているのです。自然環境が豊かな郊外。交通の便は良くなり1時間未満の通勤に苦はない。祖父母のいる生活ならば子育ても前向きに考えられる。祖父母にとっても老後が安心。さらに祖父母はこの二世帯化リフォームの費用をもう一度土地担保で借り入れることによって、これを相続対策とすることが可能。などなど、この郊外戸建て住宅団地が抱える高齢化と住み替え問題に対して、若年世代の抱える新たな社会問題や価値観の変化をポジティブにマッチングさせることによってハッピーな住環境をデザインすることができるのです。

社会のいろいろな問題は建築だけでは解決するわけがなくて、住まい方や働き方の仕組みも変えないと解決できません。かつてのつくりつづけてきた時代が生んだ複雑な社会問題は、使い方をデザインし直すことによって解決することができるんです。そこにはアイデアや発明が必要です。それを考えることは建築家の新たな楽しみであり、生きる道なのではないかと思っています。

INTERVIEW 08

内装デザインと不動産のスムーズな連携でさらに羽ばたく

坂田夏水｜夏水組

シェアハウスや店舗、個人住宅の内装デザインほか、オリジナル建材の商品開発も手がける夏水組。不動産会社「こひつじ商事」、物販業「GONGRI」と連携するメリットや戦略について、代表の坂田さんにお聞きしました。

坂田夏水／Natsumi SAKATA

1980年福岡県生まれ。2004年武蔵野美術大学建築学科卒業。アトリエ系設計事務所、工務店、不動産会社勤務を経て、2008年夏水組設立。現在、(株)夏水組代表取締役、GONGRI代表取締役。シェアハウスや店舗、個人住宅、モデルルームの内装デザインほか、不動産企画、コンサルティング業務、『内装の学校』運営、インテリアショップ「Decor Tokyo」、オリジナル建材の商品開発などを手掛ける。

アトリエ系設計事務所時代に素材使いの楽しさを、工務店で賃貸物件の営業から工事監理、リーシングまでを学んだ

――夏水組はシェアハウスや店舗、個人住宅、モデルルームの内装デザインのほか、関連会社の「GONGRI」で流通しているオリジナル建材の商品開発も手掛けられていて、どれもガーリーで華やか、キッチュな作風が特徴です。

いわゆる建築家ですと、自分の作風が決まっていますよね。でも私は作風へのこだわりというものはないのです。ただクライアントの要望をできるだけ叶えるように意識していて、おそらく一般的な設計事務所や工務店が3しか叶えていなかったら、うちは8を叶えていると思います。派手なイメージができているので、奇抜だったり変わったものが好きなお客様が注文してくれるのでさらに派手になっちゃう(笑)。

キッチュともいわれる素材使いについては、大学時代からお世話になった藤森照信先生と大嶋信道先生に影響を受けたのかもしれません。武蔵野美術大学卒業後、藤森先生の実施設計を担当していた大嶋先生のアトリエに就職し、茶室「一夜亭」や養老孟司さんの別荘「養老昆虫館」を担当しました。当時大嶋アトリエのスタッフはひとりしかいなかったので、先生方を車の助手席に乗せて現場に通い「坂

HAGU（夏水組、2012年）

Kuca上北沢（夏水組、2015年）

田、土団子を投げろ」とか「屋根を貼れ」と言われながら施工を手伝い、本当に楽しく過ごしました。

藤森先生と大嶋先生は素材の選び方や組み合わせ方が自由奔放で、私は先生方から違う柄同士や異素材を組み合わせるなど、素材を自由に使ってつくる楽しさを教えていただきました。

――その後、工務店や不動産管理会社に転職されました。独立するまでの経緯を教えてください。

大嶋アトリエで大きな物件の竣工引き渡しができたのを期に、工務店に転職することにしました。設計事務所では工事費の詳細について触れられない部分があると思ったからです。工事費や工期をコントロールしているのが現場監督で、デザインも見積もり書次第で左右されてしまう。工事費や工期、工法、工事監理について、もっと理解したいと興味が湧きました。

転職した工務店は変わっていて、とにかく好きに仕事をしてくれ、ただ利益をあげれば給料も上がるけれど、ないと給料も出ないと言われました。設計事務所時代にさまざまな仕事をすることに慣れていましたから、当時はそれほど不思議にも思わず、営業、見積もり、契約、工事監理、引き渡し、リーシング、と工務店の一連の作業をひとりでやることになりました。当時26歳ぐらいで、休みもなく、家に帰る暇もなく働いていたのですが、職人さんや不動産屋さんも応援してくれるのでとても楽しかったです。その工務店は代官山にあったので、渋谷、新宿の不動産屋と組んで投資用の賃貸物件のより有益な販売・賃貸のためにコストや工期を抑える工夫や、壁に色や柄を加えたりなどの差別化を考えていました。仕事が増えてくると、大学の同級生や友達を4人ほどその工務店に誘い、転職してもらって一緒に仕事を進めていきました。

その後、昼夜を問わない仕事漬けの日々に体調を壊してしまい、今度は不動産について勉強しようと不動産会社に転職することにしました。この会社は投資に特化し、いまでも伝説となっているほど派手な経営をしていました。営業担当は元スチュワーデスやモデルなどの可愛らしい女の子たち。可愛さを武器にいい物件情報を不動産会社からもらってくる(笑)。私は裏方で、収支計画と工事費を算出し、投資の判断材料を社長に上げるという仕事でした。

ただ、この不動産会社さんが入社後半年でリーマンショックの最初の波にのまれ倒産してしまったのですね。そこで27歳の頃独立することになりました。

夏水組と「こひつじ商事」のタッグで一連の賃貸物件の業務を請け負う

――独立されて最初のお仕事を教えてください。

付き合いのある不動産会社から依頼された、女性をターゲットにした投資用マンションの内装「Rosa」「forRest」シリーズのデザインが最初の仕事でした。「Rosa」がピンクの姫部屋、「forRest」が水色の森ガール部屋です。

同時進行で、以前よりお付き合いのある投資家からシェアハウスをつくってみないかと話をいただいたのが「daidai武蔵小山」「nodoca桜新町」です。それが成功して、それ以降も数人の投資家さんから何軒かずつシェアハウスの依頼を受けました。

――なぜシェアハウスのシリーズがそれほど増えていったのでしょうか?

その頃、タイミングよくテレビ番組「ガイアの夜明け」で取り上げられたからでしょう。私とパートナーの女性ふたりが中古不動産を蘇らせているという内容。不動産業界で活躍する女性が珍しかったのと、当時投資用不動産物件の利回りが良くても8%だったところ、再建築不可ではあるものの20%というのもあり反響が大きく、いろいろなところからオファーをいただきました。

――「こひつじ商事」を立ち上げたきっかけはどのようなものでしたか?

「こひつじ商事」は夏水組が設計した物件のリーシングと管理を行う、夫が代表を務める不動産管理会社ですが、たくさんつくったシェアハウスのリーシングをするため、必要に迫られて立ち上げました。こひつじ商事の経営は、夫が会社を辞めて引き受けてくれました。この会社を立ち上げたことで、大手企業とシェアハウス事業などで契約ができるようになりました。デザイン事務所だとコンプライアンス上、取り引きしていただくことが難しいのです。

また通常の賃貸物件では、オーナーは設計事務所に設計、工務店に工事監理、仲介業社にリーシング、賃貸管理会社に物件管理と計4社に発注しないといけません。しかし私たちは工務店以外の業務を夏水組とこひつじ商事の2社で行います。さらに2社といっても両社の代表が夫婦ですし、同じオフィス内にあるのでほとんどワンストップなので、オーナーには手間も余計な経費も掛かりません。

また、工事監理とリーシングの連携をスムーズに行えるので、竣工前から賃貸の募集を始められるなどロスタイムが生じなかったり、賃貸管理で稼働状況を把握で

「こひつじ不動産」ウェブサイト

きますから、リニューアルが必要だと判断したらすぐに取り掛かれるなどのメリットもあります。

――住まい手の住まいに対する意識の変化を感じることがありますか？

10年前と比べると、住まい手が自分たちの手で好みの住まいをつくり上げるという意識が、ずっと高くなったように感じます。

中古住宅市場も発達してリノベーションが身近になったし、建材などもアマゾンや楽天がどんどん安売りして、手軽に入手できるようになったのも一因だと思います。オーダーメイドの住まいが、新築では手が届かなくても中古のリノベーションであれば実現する環境になり、「プレミアム消費」という自分が気に入ったものにはお金を払うという消費行動が、住まいにも現れているのかもしれません。

建築家も工務店も不動産会社も皆、いまよりもっとインテリアなどの流行を勉強しないと一般の消費者の要望に応えられない時代になるでしょうね。

そういう住まい手の意識の変化は止められないし、住まいを楽しんでもらえる社会にしていきたいから、私はそういう住まい手の動きを応援したいですね。いままでもオリジナルのペイントやマスキングテープなどをつくり、自社のショップやネットで販売していたのですが、今後は大手の企業と組むことで、より消費者に届けやすくしたいと思っています。

できるだけ雇用を増やし、子育てと仕事を両立できる女性を育てていきたい

――事務所の経営について教えてください。

夏水組とGONGRIの事業は内装デザイン・建材などの商品開発と物販で、社員は8名。こひつじ商事の事業は不動産のリーシング・管理で社員は4名です。夏水組とこひつじ商事は同じ建物のなかで仕事をしているので、互いに内装デザインや管理などを共有しやすくて便利ですね。基本的に内装デザインは各物件の担当者に一任しています。

夏水組とGONGRI、こひつじ商事の3社を私と夫のふたりで経営しているかたちです。私はアイデアやイメージを出すことが多く、経営と財務は夫に任せています。

経営的には、内装デザイン業だけで夏水組スタッフの人件費を確保するのは難しくて、こひつじ商事の不動産管理事業があるので成立しているところも大きい。そ

のほか、物販も最初は厳しかったですが、いまは会社を支えてくれています。飲食店の経営も行っているのは、店舗の設計を行ううえで経験を積んでおきたいという理由が大きかったですね。また1、2年に1回は不動産を買って、それを賃貸に出して収入を得るなど、補助収入源をつくるようにしています。

——今後の展望について教えてください。

夫婦でよく話すのは、なるべく人をたくさん雇用することが、自分たちにできる社会貢献じゃないかということです。人を雇って育てられれば、その人がまた新しい雇用を生み出して、内装デザインや不動産業の仕事につきたいという若い人たちの仕事を増やしていくことができる。とくにうちのスタッフは女性がほとんどなので、彼女たちに仕事を辞めずに子育てする方法を伝えたいと思っています。雑誌や本でこれだけ仕事と子育てを両立する方法が喧伝されているのに、実際に実現できている人はほんとうに少ないですよね。私はいま4歳児を育てていますが、自分で会社をつくることで、子育てをしながら仕事もつづけられている。でも実際には目の前に手本がいないとなかなか実践できないですよね。そういう意味で、子育てと仕事の両立方法、よく見てなさい！と思っています（笑）。

INTERVIEW 09

建築家を取り巻く環境が変わる時代、広げるべき視点とは？

後藤連平｜architecturephoto.net
×
高橋寿太郎｜創造系不動産

高橋さんは不動産業、後藤さんは建築サイトを運営。ふたりとも設計事務所出身という経歴をもつ。建築家をサポートする立場のふたりに、現在の建築家の動きはどのように見えているのだろうか。

高橋寿太郎/Jutaro TAKAHASHI
1975年大阪府生まれ。2000年京都工芸繊維大学大学院修了。2000-07年(株)古市徹雄都市建築研究所勤務。2007-11年不動産総合会社勤務。2011年創造系不動産(株)設立。現在、創造系不動産(株)代表取締役。法人経営コンサルティングから個人顧客の家づくりまで幅広く、建築家・デザイナーからの依頼に特化したコラボレーション案件を数多く手掛ける。

後藤連平/Rempei GOTO
1979年静岡県生まれ。2004年京都工芸繊維大学大学院修了。組織系設計事務所、小規模設計事務所を経て、2007年建築系ウェブメディアarchitecturephoto.net設立。現在、architecturephoto.net主宰。「建築と社会の関係を視覚化する」をコンセプトに情報を発信し、1カ月の訪問者数約8万、ページビュー27万と多くの建築関係者に閲覧されている。

ファイナンスの視点で建築家をサポート

――高橋さんは建築と不動産のあいだを追求する会社「創造系不動産」を設立し、不動産やファイナンスの視点から建築家のサポートを行っています。立ち上げまでの経緯を教えていただけますか?

高橋　僕はもともと建築家を目指していて、岸和郎先生に師事し、古市徹雄さんの事務所に計7年勤めたのですが、退社後に自分がほんとうに独立してやっていけるのかと漠然とした不安を感じ、少し考える時間をおくためにディベロッパーに転職をしたんです。建築・不動産を発注者側の視点で勉強してみようという思いもありました。

建築がわかっているから、不動産会社でもさぞかしうまく仕事ができるだろうとタカをくくっていたら、それがまったくできなかったんですね。そうこうしているうちに入社後1年ほどで景気が悪くなり、リーマン・ショックが起こり、退職勧告を受ける寸前の状態にまで追い込まれ、ようやく全力で「営業」をしようと腹を括ることができました。

そのときたまたま、後輩の経営しているアトリエ設計事務所に行くことがあり、仕事がないかを聞いてみたのです。そうしたら、土地探しを手伝ってほしいと依頼してくれた。そこから、いまの不動産業の立場から建築家をサポートするという業態を「発見」したのです。

後藤　それが独立のきっかけになったのですね。

高橋　建築家と不動産物件探しをする業務契約が5件ほど連なった頃、上司に事業化を提案したのですが、うまくいったのは偶然に過ぎないと言われてしまいました。驚きましたが、これは逆にチャンスだと思いました。不動産側では、自分が慣れ親しんでいない建築の文化や世界は、市場としてイメージできないのだと気づきましたね。そこで自分の会社を立ち上げ、建築家とタッグを組んだ事業を専門的に立ち上げることにしました。

独立前にわかっていたんですが、住宅ローンなどファイナンスの部分で、建築家に依頼するのを諦め、ハウスメーカーに行ってしまうお客さんも多いんです。ハウスメーカーは独自のファイナンスのシステムをつくっていますから。

僕が古市先生のところにいたときにも、住宅ローンのつなぎや税金などファイナンス部分のニーズはありました。でも僕も自分たちの仕事じゃないよなと思っていたから、本気ではやっていなかった。設計事務所は通常、その部分まではなかなかフォローしきれません。

後藤　その部分を高橋さんがサポートすることで、建築家のもっているポテンシャルをさらに引き出すことができるのですね。

高橋　そうですね。お客様は設計者の選択段階で建築家も視野に入れやすくなり、設計の良し悪しからより公平に選びやすくなると思います。

35年ローンで考えると、設計料金は家族の美容院代と同じくらい

――「創造系不動産」の具体的な業務内容について教えていただけますか?

高橋　僕らは建築家とタッグを組んで、住宅やその他建物づくりを進めるお客様の土地選びとファイナンスの部分をサポートしています。

　僕らのつくった「建築不動産フロー」では、建物づくりのプロセスを「VFRDCM」と6段階に分けて考えています。「V：ビジョン」「F：ファイナンス」「R：リアルエステート」「D：デザイン」「C：コンストラクション」「M：マネジメント」。このプロセスを建築家と一緒に進めていきます。僕たちはおもに不動産・税金・ローンの3分野を担当します。

後藤　家づくりの打ち合わせでは、クライアントと高橋さんと建築家の三者で行う

建築
・ライフプランや目標を立てる
・建主の今と将来の資産イメージをみる
・土地探しに同行する
・見積もりをとる
・確認申請を出す
・設計案を考える
・完了検査
・施工監理をする
・アフターケア
＋
V Vision
F Finance
R Real estate
D Design
C Construction
M Management
・ライフプランや目標を立てる
・ローンの計画を立てる
・フィナンシャルプランを立てる
・売買契約する
・土地探しをする
・ローンの審査に出す
・VFRのバトンパス
・つなぎローン
・賃金や運用のサポート
・登記や火災保険のサポート
不動産

「建築不動産フロー」

のですか？

高橋　基本的に一緒に行います。前半の「Ｖ：ビジョン」「Ｆ：ファイナンス」「Ｒ：リアルエステート」の部分はとくにそうですね。

「Ｖ：ビジョン」「Ｆ：ファイナンス」の打ち合わせでは、どんな所に住みたいか、子育ての計画、現在のご自身と親御さんの資産、貯金のペース、年収、支出、なににお金をどう使っているかなども併せ、金銭面含めた暮らしの将来像をクリアにできるまで、細かくヒアリングを重ねます。

それを建築家も楽しそうに聞いていますが、一緒に仕事をした建築家は、この金銭面の打ち合わせでも積極的に発言するようになってくるんですよ。

後藤　高橋さんのようなローンの相談にものってくれるファイナンスの専門家がチームに加わってくれたら、建築家も心強いですよね。

高橋　僕は建築家の味方ですし（笑）、建築家の職能を広げるお手伝いをしたいと思っていますから。クライアントにも建築家の設計費用をどう説明したら、決して高くないと伝えられるかをずっと考えていました。最近、住宅ローンと同じ感覚、つまりファイナンスの感覚で説明すると伝わりやすく、設計費用は35年間では月々1万円あたりでなんと家族の美容院代と同じくらいだということを発見しました（笑）。

僕は打ち合わせの現場で設計者が自ら設計料を値引きしている現場を100回以上見てますが、そのときにはいつも「値引きしたらアカン」って思っています。それだけの仕事をしているんですから。建築家には今後はイニシャルではなく、ローンの視点で説明するのをオススメしたい。

後藤　ローンの考え方での説明とは、新鮮な考え方ですね。まったく見え方が変わってきます。

高橋　ローン、つまりファイナンスの考え方は、お金と時間の掛け算（お金×時間＝ファイナンス）なんです。将来的に存在するものを現在の価値にするといくらになるのか?というのが基本的なスタンスなんですよ。

後藤　僕自身が設計に携わっていたときにも、最終的に値切られてしまうことがありましたし、最初の見積もりで高いと思われたのか、断られてしまうこともありました。建築家には勇気づけられる話だと思います。

高橋　ビジネスの基本は、顧客の満足感と引き換えに報酬をもらうこと。ですからきちんと納得してもらえる説明ができれば、すんなりと払ってもらえるんです。いま若い建築家を中心に、試行錯誤でそこに立ち返ろうとしているように、僕には見えます。

後藤　そうですね。業界向けの言葉のみで説明するのではなく、クライアントの立場を理解し、寄り添った説明をすることで理解を得ることができるということですね。

高橋　ただクライアントも、じつは建築業界向けの洗練された説明も知りたいものなんですよ。観念的な世界やディテールのこだわりなども知って、自分の建築と建築家を自慢したいのです。関係性が悪ければ勝手にそんなところに金を使って、と言われるかもしれませんが（笑）、ほとんどのクライアントはそのこだわりが嬉しいもの。ですから、きちんと説明するべきだと思います。

後藤　なるほど。

高橋　ちなみに住宅不動産ローンシステムは、原則的に先進国のような債権回収リスクの低い国にしか存在しないんです。バングラデッシュなんかは、金利が20％近いローンもありますが、ちゃんと返してくれない人が多いからだそうです（笑）。

後藤　とすると日本の住宅ローンシステムが、極端な大金もちでなくても戸建て住宅を所有することを可能にさせているんでしょうね。それが日本にこれだけの数の建築家を誕生させる理由のひとつにもなった。ただ、人口減少などの要因で新築住宅の需要が少なくなるとすれば、いままでと同じような意味での設計に関する仕事は少なくなっていく可能性があると思います。

そうなると、より一般に届くデザインや、新しいアプローチを生み出していかないと仕事としては成立しにくくなる。そのような状況のなか、いろいろな建築家たちが新しい方向性を模索する動きを行っています。ポジティブにとらえれば、それは新しい建築の可能性を開いてくれているとも言えます。

建築家も自身のブランド化を意識すべき

――後藤さんがarchitecturephoto.netを始められたきっかけを教えていただけますか？

後藤　学生の頃からインターネットの世界に興味をもっており、「html言語を勉強して自分のウェブサイトを立ち上げていたということもあるかもしれません。大学で設計を学んだり、大学院で研究をしたり、社会に出て設計の実務も経験しました。ただ、ずっと建築は好きでしたが、具体的になにが好きなのかは、自分自身、はっきりと分かっていませんでした。いろいろと経験し、さまざまな方々と出会うなかで、自分が好きなのは「建築家をサポートすること」だと気づいた瞬間がありました。それがarchitecturephoto.netを始めるきっかけだと思います。

高橋　月間PVが約27万だそうですね。私が20代の頃はなかった現象です。どういう視点が受け入れられているのでしょうか?

後藤　ネットという無料のメディアであるという強みもあると思います。ただ始めた当初から、既存の雑誌メディアがもつ価値観だけが建築ではないという思いは強くもっていました。

インターネットが生まれてからいろんな業界の垣根が低くなり、たとえば、ファッションメディア、ライフスタイルメディアなどでも建築を扱うようになりました。さまざまな分野を横断しながら独自の視点で建築の情報をピックアップしていくことで、建築と社会の関係を視覚化し、建築の新たな側面を紹介できるのではと考えています。それが受け入れられているのかもしれません。

高橋　なるほど。

後藤　既存のメディアも好きだし尊敬していますが、そこには登場しないけれど、異なるアプローチで顧客や社会にとって価値あるデザインを提供している設計者もたくさんいます。そういう人たちの作品を、すでに建築の世界で評価されている人たちの作品と同列に取り上げ「方法論は異なるけれど、どちらも素晴らしい建築なんだよ」と伝えられるメディアをつくりたいと思っています。

ブランディングデザイナーのエイトブランディングデザイン西澤明洋さんが「昔のグ

ラフィックデザインはデザインして終わりだったけど、僕らの時代はその会社の事業を良くするところまで責任をもたなければいけない」とよくおっしゃっていて。建築家も同じように、業界内で認められるデザインを追求することと同時に、広く一般社会にコミットしていくようなデザインについての視点ももってもらえればいいなと思っています。

――インターネットの発達で家づくりは変化したと思われますか？

後藤　家づくりを考えている人が、土地選びの前にまず建築家を選ぶというパターンが増えているように思います。

かれらは建築家のウェブサイトを見て、過去の作品をチェックし、作風が好みかどうかを判断します。これは既存の雑誌メディアでも可能なことだったと思いますが、いまはさらに、建築家自身によるブログを読んでパーソナリティなどを推測することもできる。それが決め手になることも多いのではないでしょうか。つまり、設計した建物のビジュアルだけでなく、その建築家自身が他者に比べて優れている要素で、クライアントにアピールができるのです。それがインターネット時代の特徴だと思います。

高橋　ネットではなくてバーチャルリアリティの話ですが、ヘッドマウントディスプレイの進化で、今後ハウスメーカーが変わっていくような気がします。

大手ハウスメーカーの経営戦略では広告だけでなく、モデルハウスやその営業にかかわる固定費が高く、損益分岐点が遠いため、基本は売上重視型、つまり建設棟数をこなさないといけない。けれどもバーチャルの世界でまた違った説明的空間を提供できれば、モデルハウスは必要なくなります。そしてその分の固定費が抑えられれば、損益分岐点は近づき、建設棟数を追い掛けるスタイルから、利益を追求するスタイル、つまりひとりひとりの顧客に合わせ1軒に掛けられる時間を長くできますから、アトリエとの差が少し縮まるのではないかと思います。そうでなくても「大比較検討時代」は、基本的に建築家、ハウスメーカー、工務店の違いが少しずつ曖昧になる時代です。そうなったときにもう一度、建築家は差別化を考える必要が出てくるんじゃないかと推測しているんです。

――建築家に対するそれぞれの立場からのご意見をお願いします。

後藤　私の専門はウェブでの情報発信なので、その視点から言いますと、ネットやSNSなどが発達した現在、建築家自身が自分のPRツールであるウェブサイトをう

architecturephoto.net new media for architecture , art , design and culture home photo rss about contact Select Category

about「アーキテクチャーフォトについて」(トップ > news > feature > 記事)

Photo at random

about「アーキテクチャーフォトについて」

feature

※弊サイトでは、お写真・画像につきましては、撮影者様・画像制作者様の権利を尊重させていただくため、著作権法に関わる無断転載を行わないように努めております。
掲載させていただいている作品のお写真は設計者様・制作者様等とメール等でのやり取りを行わせていただき、弊サイト掲載の許可を頂けたものだけをご紹介させていただいております。
「無断転載を行わない。」それは、簡単に画像がコピーできる現代という時代においても、作品を制作されている方々への最低限の礼儀だと考えているためです。

■サイトの運営理念・コンセプト

「建築と社会の関係を視覚化する」メディア、アーキテクチャーフォト

弊サイト「architecturephoto.net(アーキテクチャーフォト・ネット)」は、「建築と社会の関係を視覚化する」をコンセプトに、歴史的な視点、理論的な視点、実務的な視点、社会的な視点、経営的な視点など、複眼的な価値観で、建築についての情報を提供していきたいと考えています。

私が、学生時代に読んだ印象深いインタビューがあります。それは「墓地」の研究者の方のインタビューでした。その方は、旅行する際、必ず、その都市の中の墓地の位置を調べるのだそうです。その方曰く「墓地の位置を知ることでその都市を理解できる」とのことでした。
当初は、この言葉の意味を全く理解できませんでした。
しかし、長く考え続ける中で、墓地の研究者が語った事は「その道のプロフェッショナルは自身の専門分野を通して、世界を見て、理解する」ということではないだろうか、、、と思うようになりました。

つまり、「建築」を生業とする我々は、常に「建築を通して、社会を見て、理解している」のではないでしょうか。
アーキテクチャーフォトでは、単に建築作品を紹介するだけでなく、この「建築を通して見える社会」を皆さまにお届けしたいと思っています。

そして、弊サイトの情報が、読者の皆様にとって建築の新しい側面、違った側面を再発見するキッカケとなればとも思っております。
弊サイトが尊敬してやまない建築関係者の皆様に、有益な情報をお届けし、これからの社会にあるべき建築のあり方を考えるキッカケを提供出来

Search"サイト内検索"

amazon search"書籍検索"

全商品

最新ニュースを受け取る

いいね！ 1.4万

@archiphotoさんをフォロー

feature"特集記事"

>>その他の特集記事を読む

remarkable"注目情報"

最も注目を集めたトピックス[期間：2016/5/30-6/5]

>>その他の注目情報を見る

Ad

アーキテクチャーフォト ジョブボード
建築の求人情報多数掲載しています。

ARCHITECTUREPHOTO JOB BOARD
建築・デザイン・アートの求人情報を閲覧・掲載する事ができます。

Tags

※ニュース・リリースなどはこちらのフォームをご利用ください
>>contact

「architecturephoto.net」ウェブサイト

まく使う必要があると思います。具体的には、もっと自分自身の強みを客観的にとらえ、自身での編集、もしくは外部の編集者などの力を借りて、ウェブサイトを構築することで自らをブランド化していくことが重要になっていくのではないかと思っています。

たとえば建築家のウェブサイトと建築雑誌では、同じ作品でもウェブサイトのほうが情報量が少ないことがほとんど。つまり、建築家がウェブを使用したプロモーション・情報発信の重要性に気づかず、そこまでエネルギーを注いでいないということです。ほとんどの人が情報収集にネットを活用する現代において、それはすごくもったいない。もっと意識的になるべきだと思います。

私は、実際に知人の建築家のウェブサイトのコンサルティングもしているのですが、建築家それぞれの個性に合った発信方法を考えることで、情報の広がり方が大きく変わるのを経験しました。

高橋　不動産側の視点から言うと、建築家もファイナンスや不動産のロジックを入れてクライアントの相談にのることができれば、お客さんの信頼を得るチャンスはもちろん、新しい表現の可能性も、ぐっと増えるはずです。そちらの方向にもどんどん乗り出していってほしいですね。

Chapter 5
運営
へのアプローチ

INTERVIEW 10

「HAGISO」拠点のまちのホテル化プロジェクトで谷中の風情を残す

宮崎晃吉｜HAGI STUDIO

東京・谷中にある解体予定だった築58年の木造アパートを「HAGISO」としてリノベーションし、その運営を手掛ける宮崎さん。今後はHAGISOのもつポテンシャルを活かし、谷中の風情やまちなみを残す活動にもかかわっていきたいという。

宮崎晃吉／Mitsuyoshi MIYAZAKI

1982年群馬県生まれ。2008年東京藝術大学大学院美術研究科建築専攻修了。2008-11年磯崎新アトリエ勤務。2013年より東京・谷中にて、解体予定だった築58年の木造アパート「萩荘」を再生した最小文化複合施設「HAGISO」を設計・運営。現在、HAGI STUDIO、HAGISO代表。

設計から事業プラン、カフェ、ギャラリーの運営まで

──「HAGISO」について教えていただけますか？

「HAGISO」は「最小文化複合施設」と銘打った、ギャラリー・カフェ・レンタルスペース・アトリエ・設計事務所が複合した施設です。テナントではなく、すべて僕らが運営をしています。

ギャラリー「HAGI ART」は「オルタナティヴ・スペース」として運営しており、アーティストには「作品を用いて日常空間に驚きと気づきをもたらし、ここにしかない体験を来場者に与えること」を求めています。展示プランをプレゼンテーションしていただきますが、その代わり会場費を一切取っていません。

いくつかの通年プロジェクトを同時進行していますが、そのひとつに「居間theater」による「パフォーマンスカフェ」があります。これは、3分間のパフォーマンスが200〜300円でカフェのメニューに載っていて、注文するとパフォーマーがいきなりテーブルにやってきてパフォーマンスをしてくれるというものです。

そのほか「谷中音楽室」という音楽会など、さまざまなイベントや展覧会を年間50以上も開催していて、収益面だけ考えると通常の営業をしていたほうが安定

するのですが、このような場はHAGISOが地域の核になるための、開かれたスペースとして必要なものだと位置づけています。

――ギャラリー、カフェまで自分たちで運営されてらっしゃるんですね。

僕も妻のコ・ピンピンも建築畑の出身で、カフェなどの経験はなく、ほんとうに1からの手探りで始めました。

ギャラリーについては、コマーシャル・ギャラリーを運営するだけの顧客も美術の知識ももち合わせてなかった。けれども、レンタル・ギャラリーだと一貫性のないただの箱になってしまう。そこで「オルタナティヴ・スペース」を目指すことにしたのですが、有名な「Art Center Ongoing」を参考にさせていただき、代表の小川希さんにも相談に伺いました。

カフェの店長探しはまだ工事途中で始めたので、まだかたちも見えないカフェに応募してくれる方がいるのか不安でしたが、フェイスブックやツイッター、カフェ情報サイトで呼び掛け、応募者と寒空のもと、工事現場で面接。「この人は」という人物に巡り会えたのですが、なんとその人も飲食店の経験のない人でした。メニュー構成や食材の仕入れ、価格など、こちらも自分たちで1から調べていかなくてはな

HAGISO（HAGI STUDIO、2013年）

らず、オープンまで手こずりました。

またツクルバの中村真広さんには、ティザーサイトやクラウドファンディングを用いた、場を完成させるまでのプロジェクトの育て方を教わりました。クラウドファンディングはHAGI ARTの映像・音響設備を導入するための費用としましたが、むしろその意義は出資者との交流にあると思っていて、プレオープンパーティでの出会いや口コミでの支えで、HAGISOの発信力のベースが築けたと思います。

失敗してもなんとかなる金額だから踏み出せた

——HAGISOを始めるきっかけを教えてください。


僕は藝大の六角研究室の出身で、学生時代からHAGISOの前身である「萩荘」に住んでいました。萩荘は台東区谷中にある1955年に建てられた木造賃貸アパートで、しばらく空き家だったところ、2004年から藝大の学生がオーナーに直接お願いして住み始めていました。僕は2006年の修士1年のときから合流し、磯崎アトリエに就職後もずっとそこに住んでいました。

2011年に東日本大震災が起こったとき、建物含めた被害の大きさになんだか無力感を感じ、仕事の切りも良かったこともあって、会社を辞めてしまって。磯崎アトリエの中国での大きな公共建築の仕事にも、自分との距離を感じたことも理由です。その後、被災地にボランティアに行ったのですが、東京に戻ってきたら、耐震性が危ういということで萩荘の取り壊しの話がもち上がりました。僕はその頃フリーランスでアート系の仕事をしていたこともあり、萩荘の仲間たちと「建物のお葬式」をしようとアートイベント（「ハギエンナーレ」）を企画したのです。そこでは3週間で延べ1500人もの人が訪れてくれました。

その様子を見た大家さんである宗林寺住職の奥さんが、場所のポテンシャルを感じて「（取り壊すのが）ちょっともったいないかしらね」と言ってくださったんです。そこでリノベーションプランをご夫妻にプレゼンしたところ、萩荘を残すことに同意してくださったのです。

――どのようなプレゼンテーションだったのでしょうか?

「駐車場として運用する場合」「新築の集合住宅をつくる場合」「リノベーションする場合」の3案をプレゼンしました。実際には事業の採算性というよりは、ほとんど熱意を買っていただいたようなものだと思います（笑）。プレゼン時点ですでに、リノベーションにあたっては僕が運営したいと伝えていました。オーナーとしては、担い手がいることで安心してリノベーションに踏み切れたんだと思います。

――資金面について教えていただけますか？

オーナーからは建物の基礎となるような、構造補強や外壁、電気・ガス・水道などインフラの費用を出していただき、僕が内装や機械、空調などの設備機器の費用を出しました。全体の費用のうち、オーナーが全体の約2／3、僕が1／3を出すかたちです。両方ともオーナーに出していただくと、およそ5年で回収できるよう組み立てるつもりだったので、逆に家賃が上がり、長い目で見るとランニングコストが高くついてしまう。ですから、多少リスクを負っても自分で出したほうがいいと判断しました。

僕は日本政策金融公庫から創業者支援の枠組みで融資を600万円程度受けました。残りは祖母にも少し借りて、創業資金を用意しました。

――始めるにあたっては勇気が必要ですね。

融資の書類に判子を押すときはものすごくドキドキしましたよ。たくさんの方にお話を聞いて、ネガティブな意見もいただいたのですが、ハギエンナーレの成功で建物や立地の魅力も見えていたから、大丈夫だろうと思っていました。それにたかだか600万円程度の借金であれば、最悪どこかに勤めて必死に働けば、10年程度で返せるだろうと。これは結構大事な感覚で、踏み出すのに背中を押してくれました。最初の事業の規模が大き過ぎるとほんとうにリスキーですが、リノベーションの場合は個人で背負える規模で収まることが多いのがメリットですよね。

「場から発想する」をよりどころにメニューや家具まで決めていった

——HAGISOのイメージはどのようにつくり上げていったのでしょうか？

磯崎アトリエに勤めていた3年間のうち、約半分は上海に行ってたんですよ。上海では古い建物がすごくうまく使われていて、都市の魅力にもなっていました。そこで得た経験が、HAGISOにも影響しているのかもしれません。

上海では戦中の防空壕がナイトクラブになってたり、古い路地が洒落たショップやカフェの集まる人気スポットになっている。翻って東京では、新しい管理しやすい建物を好む傾向にあるように思い、このままだと時間的な奥行きのない、つまらない場所に向かってしまうのではないかと感じました。そのときに見た、場所のポテンシャルを活かしたリノベーションをHAGISOで試してみたとも言えますね。

また上海というのはとても遊びやすいまちでもあって、当時タクシーで家まで1000円もあれば帰れたから、毎晩のようにナイトクラブに遊びに行っていました。古い洋館の地下に朝5時にオープンする、上海中のクラブに行った遊び人たちが最後に集まるようなクラブがあって、正午まで営業しているんですよ。大勢で炎天下にぐでんぐでんに酔っ払ってシャンパンを飲んでいるような、狂った感じがおもしろかった。やっぱりそういう遊んだ経験が、人をわくわくさせる空間をつくるときには活きてくるんじゃないかと(笑)。

――カフェやギャラリーを自分たちで運営するのはなぜでしょうか?

カフェの運営をテナントに任せなかったのは、ギャラリーでのイベントや展示とリンクさせたかったたし、HAGISOという場にふさわしいものにしたかったからです。「場から発想する」ことをよりどころに、HAGISOに現れてほしい空気感からメニューや家具まで決めていきました。お客様もそれを受け入れてくださる方だけが来てくだされぱいいという考え方ですね。

ギャラリーの展示も、HAGISOの空間で行われることの意義を重視してほしいとアーティストに求めています。

毎月発行するHAGISOのフリーペーパー、「HAGI PAPER」のデザインや雑貨のスタイリング、メディアへの出し方を担ってくれている、妻の存在も大きいと思います。細部のクオリティが下がると急に全体の見え方が落ちてくることがあるので、細かなデザインの監修は大切です。

あたり前ですがブランディングも重要。HAGISOは「最小文化複合施設」というコピーをつけていますが、木造アパートを改修した事例の系列で雰囲気のいいもの、という見せ方ではなく、東京タワーなどと比べて、複合施設の系列で一番ちっちゃいもの、という見せ方を考えました。次元を変えることで新鮮な印象を与えることを狙っています。

事業型と請負型の設計活動が半々になるようにしたい

――HAGISOオープンから2年後、「hanare」というホテルプロジェクトもスタートさせました。

「hanare」は「まち全体を大きなホテルに見立てる」というプロジェクトです。ホテルのレセプションはHAGISO、客室は空き家をリノベーションした宿泊棟（丸越荘）、浴場は銭湯、その他レストランや土産物屋、レンタサイクルは町のオススメのお店といった具合です。

谷中というまちは観光客に「昭和の暮らしを感じさせる」と人気です。ただ観光客が集まり過ぎることで、かえって食料品店など地元住民のための店が衰退し、まちが消費されて空っぽになってしまうのではないか。そんな危機意識から、観光客も地域に還元してくれるような仕組みをと考えました。HAGISOにあるレセプションで銭湯のチケットをお渡しするお客様が、1日に10人銭湯に向かってくれれば、一カ月で300人、1年で3600人を送客できることになるので、それなりのインパクトにはできるのではないかと考えています。

ただ銭湯や、お客様にオススメしている飲食店もうちと提携しているわけじゃなく、ただ普通に紹介しているだけなんですよね。これからはもっと密にまちの人たちとコミットできる体制にしていきたいと思っています。

hanare（丸越荘）のオーナーとの契約は、改修費用の過半を私のほうで負担する代わりに、相場よりも安い家賃でお貸しいただくというもので、順調に損益分岐点を超えることができました。

HANARE（丸越荘）（HAGI STUDIO、2015年）

HAGISO、HANAREのある東京都台東区谷中の路地

いまも宿泊棟に適した味のある物件を探していて、hanareをさらに拡大していくつもりです。

――HAGISOとhanareの経営について教えてください。

HAGISOは、設計部門HAGI STUDIOが僕と妻、さらにスタッフが1名。HAGI Cafeが社員4名、アルバイトが9名。hanareが社員1名、アルバイトが5名。合計約20名程度が在籍しています。

HAGI CafeとHAGI ARTの収益は一体で考えていて、カフェの収益でギャラリー運営費を賄っています。hanareの収支は独立させ、きちんと投資が回収できるように見ているし、設計部門の収支も独立させています。

――今後の展望について教えてください。

今後は、現在のHAGISOやhanareなど事業としての設計活動と、請負型の設計活動が半々にできれば健全になるのではと考えています。

いままでは設計者は請負が100%なので、仕事がなくなると干上がってしまう。自分で事業を起こすと、運営自体が安定した仕事になります。ただそれだけだと経験も広がらないので、請負の設計活動も大切だと思っています。新築住宅の設計や、外国人観光客向けホステル「BUNKA HOSTEL TOKYO」など大規模なリノベーションなどにも携わりました。

いまは設計者にとって、時代の潮目ではないかと感じています。景気は少しは良くなっていますが、リーマンショックの後しばらくは、実績のない若い設計者にはまったくと言ってもいいほど仕事がなくて、自分で仕事をつくらざるを得ず、その流れがいまもつづいている。でも自分で仕事のフィールドをつくり出すというのは、じつは一番おもしろいんじゃないかと思っています。

これからも誘いを待つだけではなく、仕事のフィールドを自らつくり出していく建築家がもっと増えていくんじゃないでしょうか。

Chapter 6

施工

へのアプローチ

INTERVIEW

11

減少の時代に沿う、空間の豊かさや美しさをつくっていきたい

長坂 常｜スキーマ建築計画

リノベーションならではの空間の美しさを生み出した長坂さんは、DIYや分離施工などのつくる過程からも新しい造形を発見した。今後は減少の時代にふさわしい建築を見つけていきたいという。

長坂 常/Jo NAGASAKA
1971年生まれ。1998年東京藝術大学美術学部建築学科卒業後HAPPA設立、スタジオスキーマ設立(旧名)。現在、(有)スキーマ建築計画代表取締役。

そのままの空間でスタートするデザイン

――多くのリノベーションを手掛けられていますが、2008年の「Sayama Flat」はDIYの手の跡を残すようなデザインで話題を呼びました。

「Sayama Flat」は予算が少ないなかで、なにができるか試行したプロジェクトです。お金がないので、施工から自分たちで行い人件費を捻出しました。

これは計30部屋の社宅マンション改修の仕事でした。最初は4部屋を実験的に預けられたのですが、トータルで100万円プラスわずかな設計料という予算。100万円では図面も引いていられないので、自分たちが直接現場に入って、触りながらつくっていくしかなかった。

Sayama Flatのオーナーが自分たちの事務所を見て言ったことがSayama Flatでのデザインの指針になりました。つまり、「設計者はずるいよね、自分のところは安くかっこよくつくるのに、人のところだと白く塗ったりガラス張りにしたりと、かっこいいけどお金が掛かることをする」と。もちろん、こんなきつい言い方ではありませんでしたが。

事務所は予算がないためDIYでの改修で、いままでのリノベーションであたり前のように行っていた、内装の解体や白い塗装などをせず、ただ引き算でつくっていました。

そこでたしかに僕も、自分が使い手のときと設計者のときとでは、デザインを使い分け過ぎているなと思ったのです。空間はスケルトンや白い空間がゼロの状態で、そこからつくり始めるものと考えていましたが、その空間のままでスタートさせたらいいと気づきました。

そして、たとえどんなに廉価なものであっても買ってきて足すのはお金が掛かるから、引き算でつくることにしました。自分たちで壊していきながら、満更悪くないから垂木が現しのままでもいいよね、とか障子だけ残っているのもいいんじゃないか、などと詳細を決めていきました。それは机上で図面を描いたり、指示するだけではできないことでもありましたね。

――長坂さんの高い解像度でものごとを見る姿勢が、Sayama Flatのデザインのユニークさを生んだように思います。雑誌などでも話題になりました。

僕は絶えず世のなかを斜めに、なにか新しい価値が存在しているのではないかと眺めているので、一般的には美しくないと思われているものに目がいくのだと思います。Sayama Flatにはそういうものが潜んでいました。

ただ雑誌には取り上げられましたが、当時は評価されていませんでしたよ。アリかナシかというと、ナシという人が多くて。R不動産でさえ、不動産を取り扱う方はナシの立場でした。Sayama Flatと「奥沢の家」を手掛けた後は、2年ほど住宅案件は入ってきませんでした。ここ数年で貸し手や住まい手も、リノベーションのノウハウや価値観を身につけたように思いますので、いまではアリかもしれませんね。ブルースタジオやR不動産が頑張ってきたことが、実を結んでいるのではないでしょうか。

自分で調べて納得したい人たちがDIYに興味をもつ

――「HANARE」は新築住宅ですが、ここでも分離発注という特殊な施工へのアプローチを行っています。

「HANARE」は僕らが施工管理を行い、分離発注をした住宅です。分離発注はクライアントの希望でした。それまでに2件もの住宅をつくられていて、次は自分で100%理解した家をつくりたい、木材1本の値段からそこで働く職人の人件費

Sayama Flat(スキーマ建築計画、2008年)

HANARE(スキーマ建築計画、2011年)

まですべて視野に入れ、もののつくられ方をきちんと理解したうえで、いいものをつくりたい。そのために分離発注をしたいとのことでした。
ただ僕たちも施工管理の経験はないので、できるだけ構成をシンプルにし、工程も行ったり来たりしない一方通行の製作工程を踏むことで、自分たちでもコントロールできるようにしようと考えました。

——分離発注がクライアントの希望だったのは意外でした。

いまはネットでいろんな仕組みを自分で調べられるので、代理店に任せてお終いというのではなく、理由を調べないと納得できない人たちが増えているように思います。そういう自分でコントロールしたいという欲求は当然、家に対しても起こる。いまはみんなライフスタイルの価値観を身につけているので、自分のセンスで自由なカテゴリーからものを選ぶようになった。セレクトショップでデザイナーの家具を選ぶだけでなく、「ドン・キホーテ」でも安いものを見つけてニヤッと笑うような、人に与えられるだけなく、自分でセレクトしてディレクションを掛けたいと思う人たちが非常に増えている。その延長上でＤＩＹもとらえているのではないかと思います。

リノベーションは世のなかの問題に寄り添うもの

――事務所の経営について教えていただけますか?

いま、飲食・アパレルなどの店舗やインテリア、住宅、工場、リノベーションのホテルの設計などを手掛けています。

事務所は設計スタッフが17名ほど、プレス担当が1名に、マネジメント担当が1名入るところです。設計は3チームに分け、それぞれ隊長と呼んでいるリーダーのもとにスタッフが付くという構成。チームである程度基礎的なところを補って僕のところに上げてもらうかたちを取っています。設計料は工費とのバランスを見て、高過ぎたり安過ぎたりしないか確認しながら、基本的には担当者の「人工」で計算しています。

――最近、「ブルーボトルコーヒー」など大きなプロジェクトを数多く手掛けられるようになりました。現在までの経緯を教えていただけますか?

僕は大学卒業後、同じ学校の仲間と3人でスタジオスキーマ(スキーマ建築計画の旧名）をつくり、家具からデザインを始めました。その頃青木淳さんと知り合い、「L」や「I」のインテリアや家具の仕事をいただいていました。ただデザインだけでは食べられなかったので、IT関係の仕事も受けていました。それが比較的評価を受けたので、ほかのメンバーはそちらに行き、僕はひとりスタジオスキーマに残ることになったのです。

リノベーションの仕事を最初に振ってくれたのは、ブルースタジオの大島さんです。一緒に設計させてもらいましたが、彼らにとっても初めての、木造賃貸アパートを数戸まとめて改修するというプロジェクトでした。4万円弱の家賃を倍の値段に上げることができ、賃貸住宅をかっこいいデザインでリノベーションすることで不動産価値が上がるという、デザインの有効性を世間に認知させた最初のプロジェクトだった気がします。それが雑誌に載って以降、デザイナーズマンションよりも、オリジナルのリノベーション物件のほうがいいという流れができたように思います。そのプロジェクトのおかげで、僕はそれ以降リノベーションの仕事をいただけるようになりました。

仕事の規模が大きくなった転換点は「奥沢の家」と「ロイドホテル」とのコラボ「LLOVE」を見て、「イソップ」が僕に店舗デザインを依頼してくれたことです。

LLOVEは1カ月間の泊まれる展示というプロジェクトで、金銭面からすべてのオーガナイズを僕がやりました。1年間も僕を苦しめたいままでで一番きつい仕事でしたが、それをやり抜いたことでイソップなどヨーロッパの人たちに認めていただき、アパレル関係の店舗デザインを中心に、「ブルーボトルコーヒー」含め世界中でいろいろな機会をいただけるようになったという気がします。

――今後の展望について教えてください。

いま依頼を受けている、宮崎県延岡市の中心にある住宅兼倉庫のリノベーション案件は、床面積を減らすというプロジェクトです。床面積が400平方メートルもあるのですが、ふたりで住まわれるので、基本的に使用する100平方メートルの部分だけを改修します。予算は使用する100平方メートルの分しか出ないのですが、使う100平方メートルと使わない300平方メートルをどう関係づけるかが面白い課題だと思っています。

最近手掛けた「鳩ケ谷の家」も5人の家族で使っていた家を、建て主の息子家族3人で使うために改修したものでした。そこでは余ってしまう部屋の数を減らすため、床を抜いて吹き抜けをつくり、光を採り入れ、関係性をつくりました。

人口や所得などを含め、減少傾向に向かっている世のなかの問題に、リノベーショ

鳩ヶ谷の家（スキーマ建築計画、2015年）

ンでは寄り添うことになる気がします。僕はいつも見たことがないものに興味があって、それは昔から変わらない。今後も未知の世界で、どう建築がかかわっていけるかを考えていきたいと思っています。

INTERVIEW

12

参加型リノベーションで人と場所を結び付ける

河野 直・桃子|つみき設計施工社

施主やその仲間、職人と一緒になって住宅や店舗づくりを行う、つみき設計施工社。参加型リノベーションのDIYワークショップは住まいづくりを学ぶ場でもあり、人と場所を結び付け、コミュニティをつくり出すという。

河野 直/Nao KONO
1984年広島県生まれ。2010年京都大学大学院卒業、(合)つみき設計施工社設立。現在、(合)つみき設計施工社代表。

河野桃子/Momoko KONO
1983年北海道生まれ。2010年京都大学大学院卒業、(合)つみき設計施工社設立。現在、(合)つみき設計施工社副代表。

DIYワークショップは住まいづくりを学ぶ場

――「つみき設計施工社」は住宅や店舗を設計から施工まで手掛け、さらに施主と一緒に施工までされています。

KM お施主さんだけでなく、お施主さんの家族や仲間、そのまわりの地域の人たちをも巻き込んでいます。ワークショップを開催してそれに参加していただき、一緒につくるというかたちです。参加者はお施主さんの友人や、具体的に修繕したい物件をもっているのでDIYスキルを身につけたい、という人が多いですね。

KN 僕らがワークショップで実現できていることは、ふたつあると思っています。ひとつは、人と場所をつなげること。人から放っておかれたような寂しい場所にも愛着をもつきっかけとなり、同時にコミュニティも生まれます。もうひとつは、施工現場を住まいを学ぶ場に変えること。食べ物をつくることを学ぶ場はたくさんあるけれど、住まいをつくることを学ぶ場はあまりありませんから、貴重な機会をつくれていると考えています。

――シェアアトリエ「123ビルヂング」も設計・施工だけでなく、立ち上げから携わったと聞いています。

KN 千葉県市川市に2015年の8月にオープンした「123ビルヂング」は、初めて立ち上げから携わったものです。それまではワークショップで人と場所をつなげる活動をしていましたが、そこで得たコミュニティづくりのノウハウを詰め込んで成功させたものと言えると思います。

これは、自分たちと親しく仕事をさせていただいている「Omusubi不動産」から相談を受けたプロジェクトです。この物件の立地は、最寄り駅のJR本八幡駅まで、徒歩22分。これといったショップや飲食店も、コミュニティもないエリアに若いクリエイターを集めようというものでしたが、この立地でそんなことが可能なのか？と当初は不安で、オファーを受けるか躊躇しました。一方で自分たちのまちに若いクリエイターが集う場所ができたら、きっと新しい風を吹くと期待して、申し出を受けることにしました。Omusubi不動産がシェアアトリエの不動産業務と運営業務を、つみき設計施工社がリノベーションとデザイン、PR業務を行う連携体制を取ることになりました。

立ち上げにあたってはまずキーマンが必要だと考え、地元で活動する3人に声を掛けました。市川を拠点に手づくり市イベントを開催する宮川はるみさん、「de-

123ビルヂング（つみき設計施工社、2015年）

pot」という自転車屋を営む湊誠也さん、創業90年の海苔屋の4代目で地場の産業に精通する伊藤信吾さんです。この3人をアドバイザリーパートナーに迎え、Omu-subi不動産の殿塚建吾さん、つみき設計施工社のふたりの計6人で立ち上げチームをつくりました。

KM　チームづくりと並行して、建物とエリアのポテンシャルを調査しました。市川市ではほかに競合するシェアアトリエがないこと、この立地が市のちょうど中央に位置し、市内のどの地点からも自転車でアクセスできること、それも江戸川沿いの気もちよい自転車ロードを利用できることを確認できて、ようやく市川市在住者をターゲットにしたシェアアトリエが成立する可能性が見えてきました。

KN　その後、立ち上げメンバーで話し合いを重ね、利用者をできるだけ具体的に想定していきました。それが見えてこないと、どのような人を巻き込んでいくのか、どんな属性の人たちに情報を届けるのか、大きな方向性を絞り込めないからです。

見えてきたのは、ふたつの利用者像。ひとつは手づくり市などで布製品や焼き菓子などを出展する作家さん。市川市内の自宅で製作を行っているけれど、作品にファンが付き始め、自宅スペースだけでは手狭になっているような人。テナントや賃貸マンションだと、家賃が高すぎると感じているような人です。

もうひとつは、市川市在住のクリエイターや、若手起業家です。活動拠点を都内のシェアアトリエやオフィスにもっているものの、PCがあればどこでも働けるという人。価値観の合う人との交流を求めて東京まで通勤しているけれど、きっと本音では、市川市内で働けるなら楽だと思っているのではないかと。

このような人物像とエリア特性をもとに、スペースの広さや内装の状態、エアコンの有無などを指標に、1～5万円程度の家賃を設定しました。

ビルの改修スキームはOmusubi不動産の提案によるもので、電気・水道設備の整備・共用部の最低限の改修費用はオーナーが負担し、一方で各スペースの内装リノベーションは各入居者に委ねるものとしました。好きな空間にカスタマイズすることができますが、改修費は入居者が負担します。このスキームにより、オーナーの初期投資が低く抑えられるため、同じエリアでの家賃相場よりも格安な家賃設定が可能になりました。

またプロモーションにも力を入れました。「キックオフパーティ」「ビルの大清掃ワークショップ」「改装ワークショップ」「素材の博覧会」と題した入居者の展示会など、折ごとにイベントを開催し、「123ビルヂング」の存在をアピールしました。最初のイベントではフェイスブックでイベントページをつくり、立ち上げチームが来てもらいたい人に直接メッセージを送って招待をし、その輪が徐々に広がっていったようなかたちです。

その後は「123ビルヂング」のティザーサイトを作成し、omusubi不動産サイトにもアップ。ティザーサイトやフェイスブックで「市川周辺在住の方へ」などをキーワードに投稿を行った結果、市川在住者でのシェア数が伸び、順調に情報拡散が行われ、4月のキックオフパーティから約半年間で、廃墟のようだったビルは無事満室となりました。

KM じつは、「123ビルヂング」の最初の入居者はつみき設計施工社なんです。この廃墟のようなビルに、ひとりぼっちでもスペースを借りたい人がいるとは、どうしても思えませんでした。自分たちが入居者になれば「一緒に盛り上げましょう!」と声を掛けることができるし、価値観を分かち合える仲間が近くにいる環境こそが、シェアアトリエの価値だと思います。コミュニティの主体者が出現することで、廃墟ビルがシェアアトリエへ変化するきっかけができると考えました。

――「みんなでつくる」というコンセプトは、設計にも影響しますか?

KN たとえば中古子供服の店「OSAGARI」では、親子で参加できる施工のワークショップを開催しました。そこでは、あらかじめ子どもたちがつくる範囲を設定し、小さなパーツを切る・貼る・塗るなどのシンプルな工程の組み合わせでつくれるように設計しています。また、塗料などの材料にも健康面の問題がないかの配慮をしています。

ワークショップ自体も、子どもに体験してもらいたいことを考えたり、飽きずに楽しんでもらえるよう、スケジュールをつくりこみました。このようなワークショップを行うことで、お店のファンができますし、宣伝にもなり、かつ地域に根づきやすくなるんですね。

工事現場で施主や職人、設計者がともにつくる

――みんなでつくるという方法はいつ頃から意識されてましたか？

KN そもそも僕と桃子は、京都大学で同級生として出会ってからの付き合いになります。修士1年修了後、ふたりとも休学してスイスの設計事務所にインターンシップに行きました。事務所は別でしたが、週末に一緒に友人のペルー人一家の別荘を設計する話がありました。その一家の住宅に対する情熱はとても強く、それも家族全員がそれぞれの別の意見をもっていたので、彼らの描く絵がそのまま集結するような設計手法を考えました。

OSAGARI（つみき設計施工社、2014年）

「SDレビュー」2009年鹿島賞受賞作品（藤田桃子＋河野 直＋ケリー・フィンガー）

実際に絵を描くワークショップも行い、その絵をコラージュした設計案をつくっています。結局そのプロジェクトはまだ実現していませんが、帰国後に「SDレビュー」に応募し、2009年の鹿島賞をいただいています。思い起こすとその頃すでに、「みんなでつくる」というコンセプトを考えているんですね。

――修士を修了された2010年7月に「ともにつくる喜び」を合い言葉に、つみき設計施工社を創業されました。

KM じつは修了後にとあるアトリエに就職したのですが、違和感を感じてふたりとも試用期間後に辞めさせていただいてます。

もっと現場で近いところで、つくる人とさらにお施主さんと一緒に話しながらつくっていけたら、設計プロセスももっと楽しい時間になるんじゃないかと。

思い起こしてみると、学生の頃から、授業で既視感のないもの、新しいものをつくれと言われつづけることにも違和感を感じてたんですね。ただ、4年生の授業で竹山聖先生と出会って、設計が楽しくなりました。竹山先生は面白いものをつくれとか、都市に事件をつくれとかおっしゃっていて。そこで楽しくなるようなものを目指す、という方向ができたんだと思います。

KN　僕は学部1年の頃アルバイトしていた、町屋修復現場の経験がもとになっています。

そこでは、1年近く相良さんという棟梁のアシスタントをさせてもらいました。町屋に住むお施主さんと大工さん、設計者や、僕のようなアシスタントもみんなで直していくような現場でしたから、そこでの印象が強く、そのようなつくり方をしたいと考えたんです。そのアルバイトでお世話になった棟梁の相良昌義さんに相談したところ、協力していただけることになりました。

——最初の仕事はどのようなものでしたか?

KM　立ち上げ当初はまったく仕事がなかったので、工場で余っている木材を加工した小物をマーケットに出したり、作業台を外に出し、子ども向けの「つみき青空工房」という手づくり木工教室を開いていました。

KN　最初の大きな仕事は2010年12月頃にお話をいただいた、玄関のリノベーションです。一軒家の玄関先を、週末だけお菓子を売れるスペースにしたいという相談でした。とあるイベントで知り合い、僕たちのコンセプトに共感し、依頼して提供してくださいました。

当初はお施主さんの知り合い関係がほとんどで、だんだんホームページからのお客様も増えてきました。ワークショップが営業の代わりで、自分たちを知っていただく機会になってますね。いままでで携わったのが50軒程度、2015年のお施主さんは10人程度だと思います。

――施工やワークショップのスキルはどのように身につけていったのでしょうか?

KN 僕は大学時代にお世話になったその棟梁にご協力いただいて「青空工房」というワークショップを行っているときに、施工の技術をかなり教えていただきました。

ワークショップに関しては、やっていくうちに、いつの間にかうまくなっていたという感じですね。基本的に作業をしているうちに仲良くなるので、アイスブレイクなどは必要ありません。うまいチーム分けや、上級者が初心者を教えてあげるように促すなど、いくつかポイントもありますが、自動的に頭にストックされていった感じですね。

KM 直さんは小学校から高校まで文化祭などで劇の脚本をずっと書いていたんですね。だから、シナリオを書くのが得意なんだと思う。

KN たしかに、人がどう動くかとか、そのときに相手はどう思うかなどを考えたり、クライマックスを想定するのが好きなんですね。

参加型リノベーションで、自分たちのまちをおもしろくする

――現在はどのような体制で仕事をされていますか?

KN 事務所は現在3人体制です。設計と現場管理、施工補助を担当する河野直と桃子、アシスタントの1名が所属し、さらにアートディレクターとして、なつめ縫製所を運営している夏目奈央子さんにも月の半分という契約でかかわっていただいていいます。この4人と棟梁の忍田孝二さんを合わせた5人でコアのチームをつくっています。

さらに、左官はmarumo工房の金澤萌さん、木工はgyutto designの大沼勇樹さんに依頼します。一度に2軒程度を同時平行させるので、このメンバーで、現場ごとに違うチームを編成しています。

僕らが一番苦労したのは一緒に働いてくれる職人さんの仲間探しでした。やはり、素人の人と現場をともにすることに抵抗を感じる職人さんのほうが大半ですから。この3年間、すべての現場でご一緒している忍田棟梁との出会いは大きかった

ですね。

「ともにつくる」という理念を通して一緒になにができるか、いまの事業にどんな改善ができるか、何度も話し合ってきました。今後も根底にある価値観で共鳴し合える仲間をていねいに増やしていきたいですね。

——いわゆる工務店との大きな違いはどのような点でしょうか？

KM 多くの工務店は、内部で設計と施工の役割がしっかり分かれていると思います。自分たちは設計をやりながら、大工さんともしっかり話をして、施工もともにする。また職人さんたちも設計に言及する。役割をクロスオーバーさせながら、チームとして動いている感じです。

ＤＩＹサポートとして、お施主さんも工事に参加していただくことで、お施主さんにとっては、自分でメンテナンスするスキルが身についたり、コストがダウンするメリットがあったり、顔の見える安心感があると思います。

——今後の展望について教えてください。

KN 自分たちの行っている参加型リノベーションは、人とまちを結び付けるきっかけになるので、これを狭いエリアでとことんやることですね。これをいろんな地域でやってしまうと、それぞれが単発で終わってしまう。でも、小さいエリアのなかで集中して行えば、生まれた小さな輪が、だんだん重なって濃くなっていくように、そのエリアが面白くなっていくと思うんです。自分たちが拠点にしている千葉県市川市は完全なベッドタウンで、魅力的な店や文化的な動きもあまりなく、働くにも遊ぶにも皆、東京に出て行ってしまう。ここにクリエイターやお店が連携して応援し合うコミュニティが生まれることで、まちに魅力的な場所が増えて、住んでいて楽しいまちにしていけたらいいですね。

Chapter 7

法規

へのアプローチ

INTERVIEW
13

「建築の法律家」として社会の課題に挑んでいく

佐久間 悠｜建築再構企画

違法建築を適法改修し再生させる設計業務のほか、発注者側に立ったプロジェクトマネジメント、コンサルティングなどを手掛ける佐久間さん。建築基準法が足かせとなり社会の要求に対応しきれない状況に、法律の知識を武器に挑んでいる。

佐久間 悠／Yu SAKUMA

1977年兵庫県生まれ。2003年京都工芸繊維大学大学院修士課程修了。2003-06年古市徹雄都市建築研究所。2006-07年TYアーキテクツ。2007年佐久間悠建築設計事務所設立。2013年法人化にともない、(株)建築再構企画に改組・改称。現在、(株)建築再構企画代表取締役。

世のなかは驚くほどの違法建築に溢れている

――リノベーションで法的に問題となる建物はどんなものでしょうか?

いま、社会ではリノベーションが盛んに謳われています。でも実際にプロジェクトを進めようとする段階になって、建物を建てるための手続きが正しく行われていなかったり、建築基準法と適合していないことが原因で頓挫する計画が多発しています。また、コンプライアンスの観点から銀行が融資を控えるなど、物件の流通を阻害する要因にもなっています。

――建物を建てるための手続きが適法になされていないとはどういうことでしょうか?

建物を建てる前にはまず確認申請といって、工事に着手する前に、建築予定の建物が建築基準法等に適合しているかどうかを行政等に提出して、計画が適法であるかの審査を受けた後でなければ、工事に着手することができません。

一方竣工後は、完了検査という実際に建った建物が、確認申請で提出された計画通りに建っているか検査を受ける必要があります。この検査を受けないと、本来は建物を使うことはできません。にもかかわらず、国土交通省の調査では、1998年時点で62%もの建物が検査を受けていないことがわかりました。徐々に改善され、現在では未検査物件は約10%に減っていますが、建物は長期にわたって使用されるものですから、今後も未検査が原因でリノベーションできない物件がたくさん出てくると思います。

国土交通省はこの問題に対し、2014年に対応方法についてのガイドラインを出しました。これが「検査済証のない建築物に係る指定確認検査機関を活用した建築基準法適合調査のためのガイドライン」です。

このガイドラインによれば、まず建築当時の確認済証[1]とその添付図書などを用いて「図上調査」を行います。書類が残されていない場合には、依頼を受けた建築士が「復元図書」を作成します[2]。そして、ガイドラインに沿った一定の「現地調査」を実施し、報告書を作成。これを増改築工事などをする際の「既存不適格調書」の添付資料として活用できることになりました。

これによると、検査済証の残されていない物件は現地調査を行い、竣工時の建築基準法の要件を満たしていたことを証明する必要があります。この現地調査と報告書の作成も自分たちの業務のひとつです。

■1 1999年4月30日以前に発行されたものは「確認通知書」と呼ばれている。

■2 規模等によっては「復元構造計算書」も必要となる。

たとえば必要な図面・書類のうち、構造計算書のないものがあった場合は、現地調査として超音波探知機を利用して鉄筋が図面通りに入っているかの調査や、躯体の一部の圧縮試験、劣化を調べる中性化試験などを行い、必要な強度を満たしていることを証明し、報告書を作成するのです。

このガイドラインができる前は行政によっては対応がまちまちで、検査済証のない物件についての申請は一切受け付けないといったところもあり、建築士や行政の担当者が手探りで対応を模索した結果、できあがってきたものだと思います。

――違法建築の適法改修業務ではどのような事例がありますか？

たとえば、違法であることが理由で銀行の融資が受けられず、流通が滞っている物件がある。この物件を適法化した場合に事業性が確保できるか、という相談がありました（次頁の図参照）。

この建物では設計当初、駐車場の容積緩和を利用し、容積率480％を確保しましたが、実際は駐車場として申請した部分をオフィスとして利用していました。そこで違法建築になっていたわけですが、それを現在の法律に照らすと、何％の容積率を確保できるか、そして、銀行の融資が取れるかが事業性確保のポイントでし

完了検査時は1階、2階とも駐車場の用途になっており、容積率緩和の対象になっていた。3階より上で当時の容積率ぎりぎりまで使いきっていた。

完了検査時

凡例
用途 容積対象部分
用途 容積対象外部分

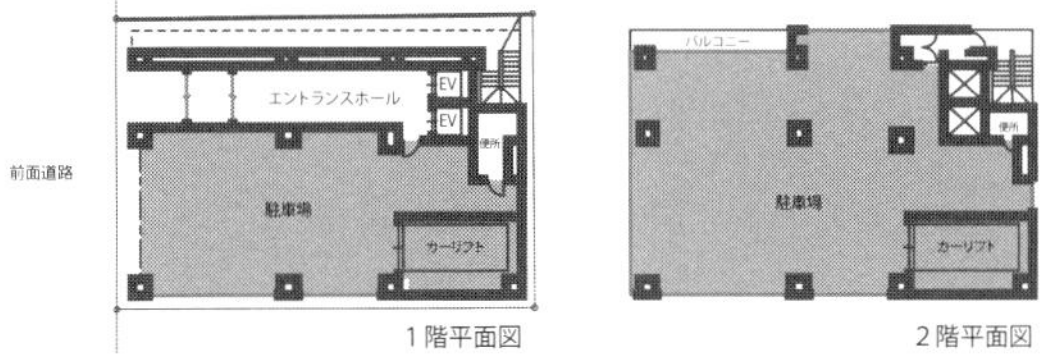

現状はカーリフトを撤去して1、2階をオフィスとして使用しており、容積率のオーバーした違法建築になっていた。

現状(違法)

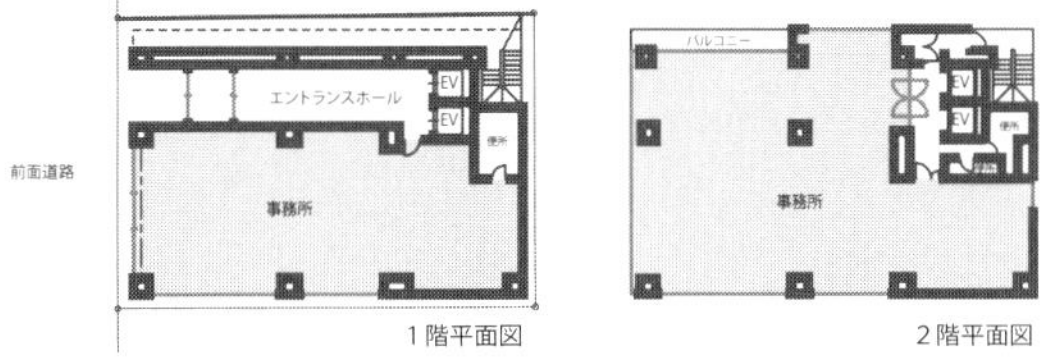

現在の容積率は、以前想定されていた480%ではなく、530%まで建てられた。このため検査時点のように1、2階すべてを駐車場に戻すのではなく2階の一部を事務所として残すことができた。

改修計画(適法)

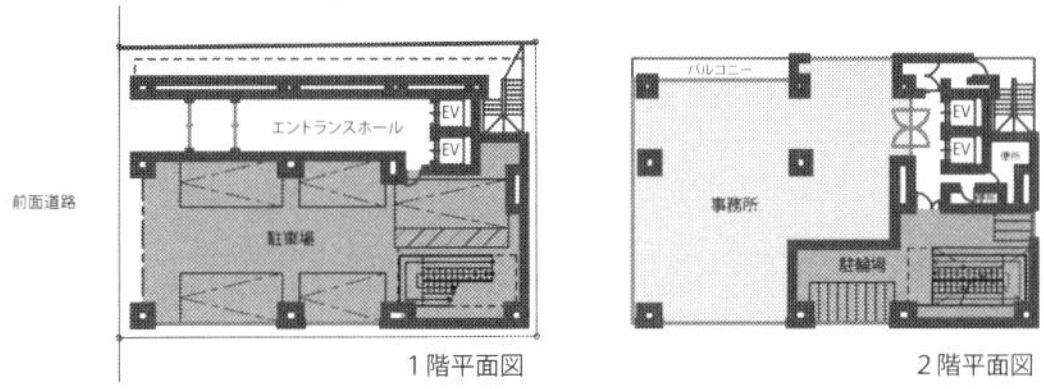

オフィスビルの適法改修業務の例

た。幸運にも竣工以降に策定された「特定道路」の緩和規定を適用することで、530%まで建てられることがわかりました。このため、すべてを駐車場に戻すのではなく、2階の一部を事務所として残すことができました。法律を読み込んでうまく活用すれば、事業性を確保しながら再活用ができるというケースです。

――プロジェクトマネジメントの業務ではどんな事例がありますか？

「コエドビール新工場（Beer Beautiful Brewery Project）」は、研修所施設をビール工場に改修するプロジェクトで、最初はプロジェクトマネジメントに近い立場で、創造系不動産の高橋寿太郎さんと一緒に参加しました。自分の役割は計画の事前検証で、とくに法規的な面でのコンサルタントでした。社長のお話によると、素晴らしい環境に感動され、この土地で新たなブルワリーを建設することに即決されたそうです。建物を工場に改修することは購入当初は予定していなかったそうですが、美しい建物なので、なんとかこの建物を改修して活かせないか、というご相談を受けました。実際に現地を訪れてみるとほんとうに敷地も建物も素晴らしいところで、社長さんの思い入れや意気込みも感じました。ですから、確実に実現しなければいけないというプレッシャーのなかでの業務でした。

コエドビール新工場(建築再構企画、リコークリエイティブサービス、KAMITOPEN、大賀建築構造設計事務所)。施工中のビールタンク搬入の様子

できるだけコストを抑えつつ、かつ短期間で実現させるため、意匠性、インテリア、構造、法規と得意分野をもつ何組かの設計者が同時並行で設計し、プランを比較しながら進めるという、非常に珍しいかたちをとることになりました。

具体的には、まずビール事業の核となるタンクをどうやってこの旧耐震の建物に入れるか？という問題がありました。壁や床を撤去しなければならない部分があるので、それらを構造的に強度を落とさないように、かつ耐震基準を満たすように構造設計者と密に内容を詰めました。また本来なら工場用途への変更は確認申請が不要なのですが、たとえば将来見学者をお迎えしたい、という要望があったとしても、それを加味してもほんとうに用途変更が不要なのか。あるいは壁や床などの構造を変更してもほんとうに申請が必要ないかどうか。という点が工程や費用を考えるうえで重要な要素としてありました。

結果的に、あくまで主たる用途はビール工場で、見学者にはその生産工程を見せる、という目的であれば工場の用途を外れないこと。構造については「大規模の模様替え」の申請の要件となる主要構造部を半分以上変更しないように計画することで、行政とも協議を重ね、確認申請は不要ということで見解が一致しました。申請が不要になったことで、過度の耐震補強が不要になって、予算が組みやすくなり、工事の段取りも大幅にやりやすくなったのです。そのために何度も行政に折衝に行ったり、大量の議事録を取ったりなどエネルギーを掛けたプロジェクトでした。

頓挫する仕事に疑問をもち、建築の法律相談を始めたのがきっかけ

――どのようなきっかけで適法改修やコンサルタントに特化したのですか？

僕はもともとインテリアが好きだったんですね。大学では岸和郎研究室に在籍し、古市徹雄都市建築研究所に就職した後、グローバルアパレルブランドのインテリアに特化した設計事務所TYアーキテクツを経て、２００７年に独立しました。その頃は建築不況で仕事が止まることも多かったのですが、そのなかには建築の法律に関するオーナーとテナント事業者の認識の違いが原因であることも多く、それがきっかけで建築の法律相談を始めたのです。それはたとえば、行政書士から「建築関係の書類が揃わない」であるとか、ビルのオーナーから「テナントを入れたいのだけれど用途変更がネックになっているのでなんとかしたい」などの困りごとの相談でした。

前職（TYアーキテクツ）で用途変更や大規模な模様替え等、法的に難易度の高いリノベーション事例があり、法律の知識がデザインの自由度を上げ、建築の新たな

可能性を広げるという確信がありました。また、完了検査未受検のものや既存不適格など法的に引っ掛かる物件が、リノベーションが広まる時勢に問題になってくるだろうという読みもありました。

――適法化の流れはいつから顕著になり始めたのでしょうか?

不動産ファンドが盛んになった2000年頃だと思います。建物単体で融資を受け、証券化してリターンを返すようなリートと呼ばれる商品ができた頃から、建築ができるまでの各フェーズに対して、設計については設計者に、施工については施工者に、とそれぞれの専門家にお金を払うことで責任を受け渡していくという仕組みができた。購入するのは適法化なものに限るという意識が、その後ファンド以外の商品にも生まれたように思います。

とくにここ数年で、適法化に対し厳しく問われるようになったと感じています。自分の物件が適法かどうかを調査してほしいという依頼も増えてきました。適法かどうかがわからずテナントに貸すことが、大きなリスクになる時代なんですね。それが原因で裁判で訴えられたら、確実に負けてしまいますから。このような経緯で建物の適法性が、その建物の価値に大きく影響を与えることが広く認識されるようになりました。

ノウハウを共有の知識にすることで、広く社会に貢献したい

――どうやって法規やコンサルティングの知識を身につけたのでしょうか？

通常、設計者同士は仕事を一緒に組みませんが、僕は「法律」という武器があるので、いろいろなプロジェクトにさまざまな立場で参画することができます。コエドビール新工場のようにプロジェクトマネジメントの立場を取ることもあれば、設計者や施工者から法律の部分だけ手伝ってほしいと呼ばれることもある。また、建築の法律相談をしていたことから、ほかの業界の人と仕事をする機会も多い。それも個人から上場企業までと幅が広いので、その人たちから、業界独特の認可の手続きの方法などを教わる機会が多いですね。また、協働する人たちと仕事上のいろいろな場面に、面倒くさがらずに一緒に顔を出すことにしているのも知識が増えていく理由でしょうね。

僕は弁護士や行政書士、銀行マンなど普通の設計業務をしていてはなかなか触れ合えない人たちと仕事ができることがすごく楽しいです。違う領域との調整や、

他分野を知ることができることがとてもおもしろい。

建築基準法のような建物の法律は昔からありますが、大きな災害があったりして社会的なニーズは刻一刻と変わっていきます。法律の運用の仕方も社会の要請によって変わっていくので、いろいろな立場の人から声を掛けていただいて要望に応えていくなかで、建築再構企画にはさまざまな業界の、最新のノウハウが蓄積していくんですよね。

――今後の展望について教えて下さい。

建築基準法は1950年、戦後間もない建物が不足していた時期につくられたため、新築前提となっており、持ち主やテナントが変わったり、用途を変更することに対しての想定が少なく、現在のように少子高齢化し、ストック活用型の社会に考慮していないように思います。

また、そのことが一般にあまり認知されておらず、いざ建物を活用したり利用しようとする段階になって、その建物が違法であることや、適法な手続きがなされていないことに気づくということがよくあるようです。そのような人たちの最初の窓口として、事業や計画の交通整理をするところがコンサルティングの第一歩だと思っています。

僕がいま行っている仕事は現代的な社会の課題と向き合う仕事だと考えています。

空き家問題の見直しや、Airbnb、高齢者施設や保育園をつくろうとしたときに、建築基準法やその関連法規が足かせになって進まないということが、多々あります。たとえば、用途を変更し、リノベーションして保育園を開園しようとする場合、バリアフリー法[3]が高いハードルとなってしまうことが多い。保育園関連と建築関連のふたつの法律を押さえなければならず、現状は、保育園経営者や福祉局[4]は、保育園業界のことしかわからず、設計者は建築側の法律しかわからない。両方を知る人間がいないので、最悪の場合、建物は完成しているのに事業がスタートできない、という事態にまで陥ってしまうこともあります。

このようなことが起こらないように、建築再構企画はふたつの業界の法律を熟知して、つなぐ役割を担うべきだと感じています。需要はあると思っていましたが、蓋を開けてみたら自分たちの事務所だけでは対応できないほどのたくさんの仕事があり、社会のニーズは大きいと感じています。そのため、ホームページやSNSでノウハウを公開したり、ほかの設計事務所や不動産会社を対象とした、建物の法律に関する勉強会を開催したりしています。今後はこのノウハウをパッケージ化し、知識を共有することで、広く社会に貢献していきたいですね。

■3 バリアフリー法は建築基準関係規定という確認申請で審査される法律のひとつ。確認申請では建築基準法だけでなく、ほかのさまざまな建築関連法規の内容も審査される。

■4 福祉局は保育園や高齢者福祉施設、障碍者福祉施設等、厚生労働省管轄の福祉施設の認可を行う行政庁。保険福祉局、福祉保健局ともいう。

図版クレジット

【撮影・提供】

architecturephoto.net：p.49左、191
阿野太一撮影：p.28
太田拓実撮影：p.51、215（2点）
オシャレオモシロフドウサンメディア ひつじ不動産：p.48、169（2点）
Open A：p.26左、57、63
建築再構企画： p.53、241、245、247
SPEAC：p.47、131、135、136（4点）、139（4点）、143下
創造系不動産：p.49右、183
高岡弘撮影：p.161（2点）
つみき設計施工社：p.52、223、226、231、232
中島真撮影：p.117
中村絵撮影：p.120（2点）
夏水組：p.167
HAGISO：p.50、198（2点）
長谷川健太撮影：p.43下、75、77、78、220
HANARE：p.206（2点）
坂東幸輔建築設計事務所：p.44、105（3点）、108（3点）
feel•communications inc.：p.66
ブルースタジオ：p.26右、162（2点）
松村秀一： p.12
モクチン企画：p.43上、89、99
403architecture [dajiba]：p.73
ユウブックス編集部：p.24、87、103、149、179、195
Yuriko Takagi：p.211
らいおん建築事務所：p.46、126下
リノベリング：p.18、38、126上

【出典】

『京都国立近代美術館研究論集 CROSS SECTIONS』Vol.4、
京都国立近代美術館編・発行、2012年2月：p.29

監修者略歴

松村秀一/Shuichi MATSUMURA
1957年兵庫県生まれ。1985年東京大学大学院工学系研究科建築学専攻博士課程修了。2006年-東京大学大学院工学系研究科建築学専攻教授。ローマ大学・トレント大学(イタリア)、南京大学・大連理工大学(中国)、モントリオール大学(カナダ)、ラフバラ大学(イギリス)などで客員教授を歴任。現在、(一社)日本建築学会副会長、(一社)HEAD研究会代表理事、(特非)建築技術支援協会代表理事、(一社)団地再生支援協会会長。

馬場正尊/Masataka BABA
1968年佐賀県生まれ。1994年早稲田大学大学院理工学部建築学科修了。1994-97年博報堂。1998-2000年早稲田大学大学院理工学部建築学科博士課程。1998-2002年雑誌『A』編集長。2003年Open A、東京R不動産設立。現在、Open A Ltd.代表、東京R不動産ディレクター、東北芸術工科大学教授。

大島芳彦/Yoshihiko OOSHIMA
1970年東京都生まれ。1993年武蔵野美術大学造形学部建築学科卒業。1994-97年米国Southern California Institute of Architecture。1997-2000年(株)石本建築事務所。2000年(株)ブルースタジオに参画。現在、(株)ブルースタジオ専務取締役、(一社)リノベーション住宅推進協議会理事副会長、(一社)HEAD研究会理事、(株)リノベリング取締役。

リノベーションプラス
拡張する建築家の職能

2016年9月10日 初版第1刷発行

監修者
松村秀一・馬場正尊・大島芳彦

発行者
矢野優美子

発行所
ユウブックス
〒157-0072
東京都世田谷区祖師谷2-5-23
TEL:03-6277-9969
FAX:03-6277-9979
Email:yuyano768@gmail.com
http://yuubooks.net

アートディレクション
瀧澤純希(kushira)

デザイン
小田権史

印刷・製本
三松堂印刷株式会社

ISBN 978-4-908837-01-2 C0052